Horst Klaus Berg
Montessori für Religionspädagogen

Stuttgarter Taschenbücher
Band 20

Reihe: Glauben erfahren mit Hand, Kopf und Herz
Herausgegeben von
Günter Jerger und Klaus Schilling

Horst Klaus Berg
unter Mitarbeit von Ulrike Weber

Montessori für Religionspädagogen

Glauben erfahren mit Hand, Kopf und Herz

Verlag Katholisches Bibelwerk GmbH,
Stuttgart

Die Deutsche Bibliothek – CIP-Einheitsaufnahme

Berg, Horst Klaus:
Montessori für Religionspädagogen: Glauben erfahren mit Hand, Kopf und Herz / Horst Klaus Berg.
Unter Mitarb. von Ulrike Weber. – 2. Aufl. –
Stuttgart: Verl. Kath. Bibelwerk, 1995
(Stuttgarter Taschenbücher; Bd. 20: Reihe Glauben erfahren mit Hand, Kopf und Herz)
ISBN 3-460-11020-1
NE: GT

Satz: Hasenohr Fotosatz, Kornwestheim
Druck: Ebner Ulm
Titelfoto: IFA-Bilderteam, München (Weststock)

Inhalt

Vorwort

Montessori-Pädagogik hat Konjunktur. Ausbildungskurse sind überfüllt – an vielen Schulen wird mit Freiarbeit experimentiert – in der Gemeindepädagogik sucht man nach neuen Wegen ..., denn man spürt, daß die erlernte Erziehung nicht mehr trägt, daß Alternativen gefunden werden müssen.

In dieser bewegten Situation will dies Buch Orientierung anbieten. Es wendet sich an alle, die mit religiöser Erziehung zu tun haben: Religionslehrer und Studenten, Pfarrer und Erzieher, Jugendleiter und Mitarbeiter in der Kinderarbeit. Denen, die sich erst in Montessori-Pädagogik einarbeiten möchten, stellt es Basis-Informationen über Leben und Denken Maria Montessoris zur Verfügung (Kapitel 1 und 2). Die schon Kundigen lädt es ein, sich auf ein Gespräch zwischen Montessori-Pädagogik und Religionspädagogik einzulassen (Kapitel 3). Schließlich machen die beiden letzten Kapitel ein differenziertes Angebot für eine erneuerte Praxis der religiösen Erziehung: Freiarbeit und Stille/Meditation sind die Arbeitsfelder.

In der Montessori-Pädagogik liegt ein „Schatz im Acker" für alle bereit, die mit religiöser Erziehung in Schule und Gemeinde zu tun haben. Allerdings muß er – wie alle Schätze – zuerst gehoben werden, und das erfordert eine gewisse Anstrengung. Denn religiöse Erziehung ist ein wenig das Stiefkind der Montessori-Pädagogik: In Theorie und Praxis hat sich seit langer Zeit kaum etwas bewegt. Dazu kommt, daß Maria Montessori im Feld der religiösen Erziehung ein Konzept kirchlicher Katechese entwickelt hat, das in dieser Form in der Gegenwart wohl nicht mehr rezipierbar ist. Man kann sich daher nicht mit einer Wiederholung und Aktualisierung einer Konzeption begnügen.Man muß – auf der Basis ihrer Grundgedanken zur Erziehung – einen Neu-Entwurf versuchen: Was bedeutet Montessoris Idee einer Erziehung in Freiheit und zur Freiheit für die religiöse Erziehung? Was lernen wir von ihrem Konzept selbstbestimmten Lernens in der

Freiarbeit? Welche Impulse gehen von ihrem Grund-Ziel aus, junge Menschen auf dem Weg zur Selbstfindung helfend zu begleiten?

Das Buch ist in intensivem Gespräch mit Ulrike Weber gewachsen; die Kapitel 4 und 5 haben wir gemeinsam ausgearbeitet. Beispiele für Material zur Freiarbeit in der religiösen Erziehung hoffen wir in nicht zu ferner Zeit vorzulegen.

Beim Nachdenken über die religionspädagogische Bedeutung der Montessori-Pädagogik, bei den bisherigen Erfahrungen im Schulalltag und nicht zuletzt bei der Arbeit an dem Buch haben wir erfahren: Der Weg zu einer erneuerten religiösen Erziehung ist kein Spaziergang, sondern ein manchmal steiniger Weg – aber es lohnt, ihn zu gehen. Dazu will das Buch einladen.

1. Das Leben als Wurzelboden der Ideen

Erfahrungen – Entdeckungen – Konzepte in der Biographie Maria Montessoris

Disclosure-Erfahrungen

Wie wohl bei keinem anderen Erziehungswissenschaftler ist bei Maria Montessori der Zusammenhang von Leben und Lehre eng und intensiv. Das hängt wohl vor allem mit ihrer Fähigkeit zusammen, in bestimmten Situationen intuitiv, fast visionär zu erkennen, welche Probleme sich hier zeigten und welche Lösung in die Zukunft wies. Mit dem Sprachphilosophen und Theologen J.T. Ramsey nenne ich solche Schlüssel-Erfahrungen „disclosure"-Situationen, Augenblicke, in denen plötzlich etwas aufgeht, eine bahnbrechende Idee sich enthüllt, „ent-deckt" wird.

Das folgende Kapitel geht nicht einfach an der Biographie Maria Montessoris entlang, sondern sucht solche Schlüsselsituationen auf, spürt den Problemen nach, formuliert auch Fragen für die weitere Untersuchung. Diese Schlüsselsituationen werden etwas breiter dargestellt, andere Zusammenhänge eher summarisch referiert.

Die grundlegenden Ideen, die in solchen „disclosure"-Erfahrungen aufkamen, klingen hier – wie die Themen in einer Ouvertüre – zunächst nur knapp an und werden in Kapitel 2 dann im Zusammenhang entfaltet.

1. Die erste Entdeckung: Der Lernweg von der Hand in den Kopf

Maria Montessori wurde 1870 in Chiaravalle bei Ancona geboren. Ihr Vater war Beamter. Die Eltern hatten den Beruf der Lehrerin für sie ausgesucht, was sie aber strikt ablehnte. Sie wollte Mathematik studieren, wofür sie auch hoch begabt war. Sehr spontan faßte sie dann aber den Entschluß, Medizin zu studieren. Das war zu ihrer Zeit in Italien sehr schwierig, weil Frauen zu diesem Studium nicht zugelassen waren. Gegen harten Widerstand der Kulturbürokratie setzte Maria Montessori in zäher Arbeit ihren Plan durch; sie durfte als erste Frau in Italien Medizin studieren; sie promovierte 1896 und war schließlich die erste italienische Ärztin.

Im gleichen Jahr trat sie auf einem Internationalen Frauenkongreß in Berlin als eine der Delegierten Italiens auf. Sie setzte sich mit Feuer für die Rechte der Frauen ein; vor allem forderte sie, daß für Frauenarbeit der gleiche Lohn gezahlt werden müsse. Ihre Thesen fanden große Aufmerksamkeit und Zustimmung.

Für zwei Jahre übernahm sie eine Assistentenstelle an der Psychiatrischen Klinik der Universität Rom. Dies war sicher eine der Schlüsselsituationen im Lebens- und Lernweg Maria Montessoris. Zu ihren Aufgaben gehörte es, in den städtischen Irrenanstalten „brauchbare" Patienten für die Universitätsklinik auszusuchen, vor allem Kinder. Diese wurden in großen Sälen verwahrt. Als sie den Beschwerden einer Wärterin über die Unsauberkeit der Kinder nachging, bemerkte sie, daß diese das Brot, das ihnen gegeben wurde, nicht sofort aßen, sondern daraus kleine Figuren formten und damit spielten. Genau in dieser Situation hatte Maria Montessori ihr erstes „disclosure"-Erlebnis: Sie erkannte blitzartig, daß diesen Kindern geistige Nahrung fehlte, und daß Aussicht auf Heilung wohl nur bestand, wenn diesem Mangel abgeholfen würde. Sie legte ihnen kleine Aufgaben vor und erkannte, daß sie keineswegs stumpfe Idioten waren, sondern zum Denken fähig waren und daran Freude hatten.

Diese Geschichte läßt die intuitive Begabung Montessoris deutlich hervortreten; tatsächlich schreibt sie: „Im Gegensatz zu meinen Kollegen hatte ich jedoch die *Eingebung* (Hervorhebung von mir), daß das Problem der geistig Zurückgebliebenen eher überwiegend ein *pädagogisches* als überwiegend ein medizinisches war." (1, 26)

An diesem Geschehen zeigen sich zwei bemerkenswerte Charakterzüge Montessoris, die eigentlich für ihre Arbeit im ganzen leitend sind. Einmal: Sie trat leidenschaftlich für die Schwachen ein, indem sie sich für geistig Behinderte und für

Kinder engagierte, aber auch, indem sie öffentlich die Rechte der unterdrückten Frauen einforderte. Über die Behinderten schrieb sie: „Die unglücklichen Geschöpfe mußten gleichsam erst erschaffen werden, um ihren Platz in einer zivilisierten Gesellschaft wieder einnehmen zu können. Ihnen zur Unabhängigkeit von der Hilfe anderer und zur Menschenwürde zu verhelfen, war eine Aufgabe, die so an mein Herz appellierte, daß ich jahrelang nicht von ihr loskam." (Zitiert aus: Standing, 26f)

Das zweite Merkmal: Auch (gerade) in scheinbar aussichtslosen Situationen flammte ihre schöpferische Phantasie auf, um einen Ausweg zu finden. Bei diesen Erkundungen stieß sie auf die Arbeiten der französischen Nervenärzte Jean-Marc Itard (1775-1838) und seines Schülers Édouard Séguin (1812-1880). Diese hatten didaktische Materialien entwickelt, mit deren Hilfe „schwachsinnige" Kinder in ihren geistigen Fähigkeiten stark gefördert werden konnten. Der Lernweg, den die Franzosen beschritten, war der „von der Hand in den Kopf": Materialien zum Betasten (z.B. zum Abzählen), zum Ausführen von Bewegungen (z.B. Hantieren mit geometrischen Figuren) usw. aktivieren die intellektuellen Kräfte ... von der Peripherie der Sinne und der Motorik wird auf das Zentrum des Intellekts eingewirkt.

Maria Montessori griff diese Idee auf, stellte die Materialien her, erweiterte und verfeinerte die Instrumente. Nach zwei Jahren angestrengter Arbeit mit den Kindern war sie so weit, daß sie sie an einer regulären Volksschulprüfung teilnehmen lassen konnte – mit dem Ergebnis, daß ihre Kinder den „normalen" ebenbürtig, teilweise sogar überlegen waren.

Mit der praktischen Arbeit ging eine intensive Lehrtätigkeit einher: Von 1898-1900 leitete sie eine Ausbildungsstätte für Sonderschullehrer in Rom. Rückblickend schrieb sie über diese Zeit: „Während alle die Fortschritte meiner Idioten bewunderten, machte ich mir Gedanken über die Gründe, aus denen glückliche und gesunde Kinder in den gewöhnlichen Schulen auf so niedrigem Niveau gehalten wurden, daß sie bei Prüfungen der Intelligenz von meinen unglücklichen Schülern eingeholt wurden. ... Seit jener Zeit, in den Jahren

1898-1900, widmete ich mich der Erziehung geistig zurückgebliebener Kinder und glaubte *intuitiv* (Hervorhebung von mir) zu erfassen, daß diese Methoden nicht nur ein Versuch waren, den Idioten zu helfen, sondern *vernünftigere* Erziehungsgrundsätze als die bisher üblichen enthielten; Methoden, die sogar eine unterentwickelte Geistigkeit für eine Weiterbildung empfänglich werden ließen. Diese Intuition wurde *meine Idee*, nachdem ich die Schule für geistig zurückgebliebene Kinder verlassen hatte; nach und nach gelangte ich zu der Überzeugung, daß ähnliche Methoden, auf normale Kinder angewandt, deren Persönlichkeit auf erstaunliche Weise entwickeln würden." (1, 32f; 27)

Damit kommt eine weitere bedeutende Periode im Leben Maria Montessoris in den Blick.

2. Die entscheidenden Entdeckungen in San Lorenzo

„San Lorenzo" steht in der Biographie Montessoris für die Zeit, in der sie ihre grundlegenden Ideen fand und ausarbeitete. Zunächst die Vorgeschichte: San Lorenzo war ein Arbeitervorort mit völlig heruntergekommenen Mietskasernen. Ein Bausanierungsprogramm zu Beginn des Jahrhunderts ließ im Viertel moderne, wohngerechte Mietshäuser entstehen. Allerdings zeigte sich, daß die Berufstätigkeit beider Eltern große Probleme machte: Die tagsüber unbeaufsichtigten Kinder entwickelten sich zur Landplage, sie belästigten die Bürger und richteten Schäden an den Gebäuden an. Die Baugesellschaft schuf daher eine Einrichtung, in der die Kinder beaufsichtigt und beschäftigt werden sollten und bat Maria Montessori, die Leitung zu übernehmen ... „Casa dei bambini", Kinderhaus, wurde die Einrichtung genannt.

Als „pädagogische Mitarbeiterin", die für die Beaufsichtigung der 60 3-7jährigen Kinder zuständig war, wurde zunächst die Tochter des Hausmeisters, später eine Näherin gewonnen, beide ohne pädagogische Ausbildung, was Maria Montessori eher als einen Vorteil betrachtete, weil sie offen waren für die neuen Ideen.

Sechs „disclosure"-Erfahrungen in San Lorenzo sind besonders anzusprechen.

– Die Idee des *ganzheitlichen Lernens* „Von der Hand zum Kopf" setzte sie um, indem sie die Materialien von Itard und Séguin weiterentwickelte und eigene erfand.

– Vor allem aber arbeitete sie das Konzept der *„vorbereiteten Umgebung"* aus. Es besagt, daß Kinder zum Lernen keine direkte Belehrung brauchen, sondern eine Lernumgebung, die sie anregt und ihnen Orientierung anbietet. Dazu gehören natürlich die Materialien, aber auch die kindgerechte Ausstattung der Räume. Hier gab es nicht das übliche Schulmobiliar, sondern die Kinder fanden leichte, bewegliche Möbel vor, die ihren Bewegungsdrang nicht einengten und deren Anordnung je nach den Bedürfnissen verändert werden konnten: kleine Tische und Stühle, Regale, Schränke.

– Ein Grundprinzip der Montessori-Pädagogik wurde eher durch einen Zufall angestoßen: Einmal verspätete sich die Helferin; außerdem hatte sie vergessen, am Vorabend den Schrank abzuschließen, in dem die Materialien aufbewahrt wurden. Als sie kam, hatten sich die Kinder selbständig Materialien ihrer Wahl geholt und arbeiteten konzentriert daran. Die Erzieherin war entsetzt über diese „Disziplinlosigkeit" und wollte die Kinder bestrafen. Maria Montessori aber erkannte, daß die Kinder so konzentriert und gern arbeiteten, weil sie die Möglichkeit wahrgenommen hatten, ihre Arbeit frei zu wählen. (vgl. 8, 125f) Dies war die Geburtsstunde der Idee der *freien Wahl*, eines Grundprinzips der Erziehung bei Montessori, ja, der Persönlichkeitsbildung überhaupt.

– Diese Freiheit bedeutet für das Kind zuallererst *Unabhängigkeit vom Erwachsenen*. Maria Montessori erkannte in der alltäglichen Praxis des Kinderhauses: „Ihnen helfen, zu lernen, ohne Hilfe zu gehen, zu laufen, Treppen auf- und abzusteigen, umgefallene Gegenstände wieder aufzurichten, sich an- und auszuziehen, zu waschen, zu sprechen, um klar und deutlich ihre Bedürfnisse auszudrücken, sich um die Befriedigung ihrer Wünsche zu bemühen, das ist die Erziehung zur Unabhängigkeit." (1, 65) Darum setzte Montessori alles daran, die Kinder zur Selbstorganisation ihres Lebens zu befähigen; methodisch vermittelte sie diese Fähigkeiten in den „Übungen des praktischen Lebens".

– Die „disclosure"-Erfahrung, die Maria Montessori am häufigsten erzählte, ist die Beobachtung eines dreijährigen Kindes, das hölzerne Zylinder von unterschiedlicher Größe in die passenden Öffnungen eines Holzblocks steckte, sie wieder herausnahm und dann wieder einsetzte. Das Kind war so in seine Arbeit versunken, daß es sich durch nichts stören ließ: Die anderen Kinder liefen herum und sangen laut; schließlich setzte Maria Montessori das Kind mitsamt seinem Stuhl auf einen Tisch ... als es seine Arbeit beendet hatte und sich glücklich umschaute, hatte es den Ablauf vierundvierzigmal wiederholt. Dieser Vorgang tiefster Konzentration war keineswegs einmalig; Maria Montessori nannte ihn *„Polarisation der Aufmerksamkeit"*; in der Literatur wird er auch oft als „Montessori-Phänomen" bezeichnet. Montessori richtete ihre ganze Anstrengung darauf, die vorbereitete Umgebung so auszugestalten, daß die Kinder möglichst oft zu dieser Konzentration kamen. Sie war überzeugt, daß hierin ein Schlüssel zur Entfaltung und Festigung der geistigen und psychischen Kräfte gefunden war: Kinder, die immer wieder diesen Konzentrationsprozeß erfahren, entdecken ihre eigene Stärke, nehmen sich als Subjekt der Arbeit wahr, werden zu einer starken Selbstdisziplin fähig, finden sich selbst ... „Normalisierung" nennt Montessori diesen Vorgang.

– Schließlich ist die Erfahrung zu nennen, daß Kinder die Stille lieben. Auch diese Entdeckung ergab sich aus einem eher zufälligen Anlaß: Maria Montessori betrat einmal den Unterrichtsraum mit einem Säugling auf dem Arm, der ganz still war. Mehr im Scherz sagte sie zu den Kindern, daß sie selbst wohl nicht so still sein könnten wie dieser Säugling. Plötzlich trat eine atemlose Stille im Raum ein. Intuitiv erkannte Maria Montessori: Kinder lieben und brauchen *Stille*; sie benötigen äußere und innere Ruhe, um ins Gleichgewicht zu kommen.

Dies sind also die wichtigsten „disclosure"-Erfahrungen, die sie in den gut zwei Jahren der Arbeit im Kinderhaus in

San Lorenzo machte. Hier kam sie zu ihrem Forschungsprogramm, das sie ihr Leben lang verfolgte. H. Holtstiege faßt die Schwerpunkte so zusammen:
1. Das wissenschaftliche Studium der Aufmerksamkeit.
2. Experimentelle Untersuchung der Anregungsbedingungen.
3. Das Studium der Entwicklung des Kindes durch die Beobachtung auftretender Phänomene. (Holtstiege, 1987, 57)

3. Weltweite Verbreitung der Ideen

Schon während der Zeit in San Lorenzo wurden die Versuche und Erfolge Maria Montessoris weltbekannt. Es gab wahre Wallfahrten prominenter und weniger prominenter Personen aus aller Welt nach San Lorenzo. Auf Drängen von Freunden schrieb sie 1909 ihre Gedanken und Erfahrungen nieder; es entstand das berühmte Werk „Il metodo della pedagogica scientifica...“; später überarbeitete sie das Werk und brachte es unter dem Titel „La scopera del bambino“ heraus (deutsch „Die Entdeckung des Kindes“). Sie gab ihre ärztliche Privatpraxis und ihre Lehrtätigkeit an der Universität auf und widmete sich mit aller Kraft der Verbreitung und weiteren Ausarbeitung ihrer Konzepte. Sie hielt Vorträge, gab Ausbildungs-Kurse in vielen Ländern. Zwischen 1909 und 1951 sind in solchen Ausbildungsgängen ca. 4000-5000 Menschen ausgebildet worden. (Heiland, 1992, 71) Die Kompetenz zur Ausbildung hat sie sich zeitlebens selbst vorbehalten. Damit konnte sie einerseits die Authentizität und Kontinuität ihrer Lehre sichern, schnitt aber andererseits wohl manche Möglichkeit der freien Diskussion und Weiterentwicklung ab. Ganz praktisch hat diese Monopolisierung dazu beigetragen, daß etwa in den USA die Verbreitung der Montessori-Pädagogik – etwa ab 1915 – immer mehr zurückging. (Heiland, 1992, 73)

In vielen Ländern entstanden Montessori-Gesellschaften, zahlreiche Schulen wurden gegründet. 1913 reiste sie zum erstenmal in die USA; es wurde ein überwältigender Erfolg. 1916 erschien – gleichermaßen als Fortsetzung von „Il metodo", das sich auf den Vorschulbereich konzentriert hatte – ihr Werk „L'autoeducazione nelle Scuole Elementari" (dt. heute „Die Schule des Kindes"), die Weiterentwicklung der Methode für den Grundschulbereich. Im gleichen Jahr nahm Maria Montessori ihren Wohnsitz in Barcelona, wo sie bis zum Jahr 1936 (Machtübernahme der Faschisten unter Franco) blieb.

Im Frühjahr skizzierte Montessori erstmals ihre Gedanken zur Fortschreibung ihrer Pädagogik in den Sekundarbereich, die sie aber erst viel später ausführte (1939: Erdkinder; 1948: Von der Kindheit zur Jugend).

4. Religion und religiöse Erziehung

Die Beziehungen zu Religion und religiöser Erziehung in der Biographie Maria Montessoris sind vielfältig und komplex. (vgl. v.a. Böhm, 1991, 28f; 129ff)

Vier Aspekte scheinen mir biographisch und sachlich besonders ergiebig.

4.1. Das Wunder des „neuen Kindes"

Die Veränderungen, die in den Kindern in San Lorenzo vor sich gingen – bei vielen setzte die oben angedeutete „Normalisierung" ein – beeindruckten Maria Montessori tief. Sie berichtete über ihre tiefe Ergriffenheit angesichts dieser wunderbaren Vorgänge und schaute in diesen Kindern das Bild des Christus selbst. (8, 121) Dieser Gedanke durchzieht wie ein Leitmotiv das Schrifttum Montessoris. Sie ist überzeugt, daß sich im Kind göttliche Kräfte auswirken, die zur geistig-seelischen Heilung der ganzen Menschheit unbedingt nötig sind; darum kann sie das Kind als „Heiland" und „Messias" bezeichnen. (Böhm, 1991, 54) „Das Königreich der Kindheit ist das Königreich des Himmels", das Kind hilft den Erwachsenen, „indem es uns den Weg zum Himmelreich zeigt". (Aus Mitschriften in Kursen Maria Montessoris, mitgeteilt von Böhm, 1991, 130)

Zweifellos sind solche Gedanken stark von theosophischem Gedankengut beeinflußt. Dieses spielte eine große

Rolle in den pädagogischen Reformbewegungen zu Beginn unseres Jahrhunderts; besonders engen Kontakt hatte Maria Montessori zur englischen „Theosophical Fraternity in Education". (Böhm 1991, 132f) Diese Denkrichtung findet sich nahezu in allen Kulturen und Religionen. Sie geht davon aus, daß alles von göttlichem Geist und Wesen durchdrungen ist; es wird nicht ein Dualismus zwischen Geist und Materie angenommen, sondern die Materie ist nichts anderes als die Materialisation des Geistes (Involution) und ist darauf aus, in die Vergeistigung zurückzukehren (Evolution). Die Reinkarnation ermöglicht es dem Menschen, an diesem Prozeß der Vergeistigung teilzunehmen und sich ständig höherzuentwickeln.

4.2. Erziehung als Sendung

Ein zweites religiöses Motiv zeigt sich in der Biographie Montessoris an den Stellen, wo sie die erzieherische Arbeit geradezu als priesterlichen Dienst an der Göttlichkeit der kindlichen Natur versteht. (Hinweise bei Böhm 135f) „Das ist unsere Mission: einen Lichtstrahl geben und weitergehen", schreibt sie über ihre Arbeit mit Kindern. (1, 125; den Begriff der Mission gebraucht Montessori durchgängig) Mit Freude und Achtung begegnete sie den Freundinnen und Schülerinnen, die sich in den Dienst der befreienden Pädagogik stellten, „as nuns do who enter a Religious Order". (Mitgeteilt bei Böhm, 1991, 55)
Der ganze Prozeß der Normalisation wird von ihr als ein religiöser verstanden; der Einfluß, den die normalisierten Kinder von San Lorenzo auf ihre Eltern ausübten, wird einmal als „sapore dell'apostolato", als „Geschmack der Verkündigung" bezeichnet. (Mitgeteilt von Böhm, 1991, 54)

4.3. Die Kirche als Ort des Lebens und Glaubens

Trotz aller Weite ihrer religiösen Gedanken hat Maria Montessori wohl zeitlebens die katholische Kirche als den Ort angesehen, an dem sich ihre Ideen konkretisieren und ausleben ließen. Wenn sie die objektiven Bedürfnisse des Kindes als weise Gesetzmäßigkeiten sieht, die Gott in es hineingelegt hat, dann bedeutet Dienst am Kind auch Gottesdienst: „Nur die Erkenntnis Gottes in seinen Gesetzen und in seinen Wünschen in den Kindern macht uns fähig, wirklich für das Kind zu leben und auf uns selbst zu verzichten." (3, 236)

So ist es nur folgerichtig, wenn Maria Montessori eine Zeitlang offenbar den Plan verfolgt hat, einen religiösen Orden zu gründen, der sich ganz der von ihr vertretenen Erziehung widmen sollte. Erst der Hinweis des Paters Tacchi Venturi SJ, ihre Ideen sollten nicht durch die Gründung eines Ordens auf bestimmte Gruppen begrenzt werden, brachte sie dazu, den Plan aufzugeben. (Mitgeteilt von G. Schulz-Benesch, vgl. 17, 190)

Auch von Seiten der katholischen Kirche gab es Zustimmung und Anerkennung. An erster Stelle ist der Kontakt mit spanischen Priestern zu erwähnen, die wesentliche Grundsätze der Montessori-Pädagogik als „in der Substanz katholisch" erkannten. (vgl. auch die Hinweise in Kapitel 2 und 3) Auch später gab es von Seiten der katholischen Kirche viel Zustimmung und Anerkennung, u.a. durch die Päpste Pius X. und Benedikt XV. (17, 191) Und heute greift speziell in Deutschland die katholische Kirche in ihren konfessionellen Schulen intensiv die Erziehungsideen Maria Montessoris auf, um ein reformpädagogisches Profil zu gewinnen.

4.4. „Kinder, die in der Kirche leben"

Die Nähe Maria Montessoris zur katholischen Kirche hat einen besonders intensiven Niederschlag in ihrem Entwurf einer liturgischen Erziehung gefunden. Auch dies läßt sich deutlich biographisch orten.

Die Anfänge kamen wieder ganz zufällig zustande. Ein katholischer Geistlicher in Barcelona, Pater Casulleras, hatte ganz unabhängig von Maria Montessori die Idee, Häuser für Kinder „im Schatten der Kirche" einzurichten, um eine intensive liturgische Erziehung zu ermöglichen. 1910 stieß er auf Montessoris „Il metodo" und war spontan fasziniert von der Idee, seine Ziele mit Montessori-Methoden zu verwirklichen. Dies vertiefte sich in einem persönlichen Gespräch mit Maria Montessori und wurde in die Tat umgesetzt. (vgl.

Böhm, 1991, 57) Die Idee des „Atriums“ war geboren; es handelt sich um einen kindgerecht gestalteten liturgischen Raum, in dem die Kinder unter Anleitung eines Geistlichen in die Vollzüge und das Verständnis der Messe eingeübt werden. 1913 wurde das „Haus der Kinder in der Kirche“ in Barcelona gegründet. 1915 hielt Anna Maccheroni, eine Schülerin und enge Freundin Montessoris, einen Vortrag im Rahmen des katalanischen liturgischen Kongresses auf dem Montserrat. Sie wies darauf hin, daß es möglich sei, schon dreijährige Kinder in die Liturgie einzuführen. Nach diesem Kongreß kam es zu einer breiten Rezeption der Montessori-Pädagogik in die kirchliche religiöse Erziehung.

Diese lebhafte Arbeit an der liturgischen Erziehung hat Maria Montessori vor allem während ihres Aufenthalts in Barcelona weitergetrieben, danach ging das Interesse zurück; die Ergebnisse hat sie in mehreren kleineren Schriften publiziert, zusammengefaßt in dem Sammelband „Kinder, die in der Kirche leben“. Montessori notiert rückblickend, es sei ihr nicht möglich gewesen, diese Arbeit weiterzuführen, weil sie das erforderliche Diplom für katholischen Religionsunterricht nicht besitze. (1948 in: 1, 331)

5. Erziehung zum Frieden in einer gewaltbesessenen Welt

Die zwanziger und dreißiger Jahre waren in Europa geprägt vom Vordringen der Faschisten in Italien, Deutschland und Spanien. Damit wuchs gleichzeitig die Bereitschaft zur gewaltsamen Auseinandersetzung.

In ihrer Heimat Italien war ihre Arbeit nach der faschistischen Machtergreifung zunächst gefährdet, da sie als „sozialistisch“ und „anglophil“ galt. In einem persönlichen Gespräch mit Mussolini konnte Maria Montessori zunächst erfolgreich für ihre Sache eintreten – überraschenderweise gewann sie den Diktator sogar als Ehrenpräsidenten der italienischen Montessori-Gesellschaft. Aber bald versuchten die Faschisten, sie für ihre Ziele zu vereinnahmen; als Montessori sich dagegen wehrte, wurde die Montessori-Pädagogik unterdrückt. Nicht anders ging es in Deutschland und Spanien.

Abgesehen von diesen Rückschlägen für ihre Arbeit spürte Maria Montessori intuitiv wohl zunehmend deutlicher, daß sich unheilvolle Gewalt immer stärker und bedrohlicher verdichtete. Das forderte sie heraus, über pädagogische Möglichkeiten nachzudenken: „Erziehung und Frieden“ war das neue, große Thema ihrer erzieherischen Bemühungen. „Erziehung und Frieden“ war auch der Titel eines Vortrags, den sie 1926 vor dem Völkerbund in Genf hielt. Sie wies zunächst darauf hin, daß die Menschheit über neue, ungeahnte Kräfte verfüge, um sich selbst zu vernichten und fuhrt dann fort: „Immer noch haben die Menschen nicht klar genug erkannt, welche Kräfte sie in den Krieg hineintreiben – und deshalb sind sie wehrlos dagegen.“ (Standing, 51) In mehreren großen, leidenschaftlichen Reden zur Friedenserziehung versuchte sie, einen Ausweg zu zeigen. (14, v.a. S. 15-98) Ihre Grundthese ist: Die letzte Quelle des Unfriedens ist der „Krieg“ zwischen den Generationen, in dem das Kind durch die Übermacht der Erwachsenen unterdrückt wird; Aufbau von Haß, Egoismus und Machtgier im Kind sind die Folgen.

Genau auf dieser Spur suchte Maria Montessori dann auch nach Wegen aus der Gefahr. So postulierte sie 1932 in einer Rede, die sie in dem mit dem Völkerbund zusammenarbeitenden „Bureau International d'Éducation“ in Genf hielt: Wenn Kindern die Möglichkeit gegeben wird, sich in psychischer Gesundheit zu entwickeln, dann kann in ihnen „eine andere Menschheit“ erwachsen, können sie den „neuen, den besseren Menschen“, der friedensfähig ist, hervorbringen. (14, 35 und 39)

Zunächst aber geriet sie selbst in den Strudel der Gewalt: 1936 mußte sie Hals über Kopf auf einem britischen Kriegsschiff Barcelona verlassen, weil die Franco-Faschisten an die Macht kamen. Drei Jahre lebte sie in Amsterdam. 1937 fand der 6. Internationale Montessori-Kongreß in Kopenhagen statt. Maria Montessori sprach über Friedenserziehung und regte die Einrichtung eines „Ministeriums der Kindheit“ sowie einer „Partei für Kinder“ an. (Heiland, 1992, 106)

1939 reiste Montessori auf Einladung der indischen Theosophischen Gesellschaft nach Indien und nahm ihren Wohnsitz in Adyar. Sie wurde – wegen der Teilnahme Italiens am Weltkrieg – vorübergehend von den Engländern interniert, konnte ihre Arbeit aber ungehindert fortsetzen.

6. Kosmische Perspektiven

Sicher auch unter dem Eindruck indischer Geistigkeit und Spiritualität und dem geistigen Klima der theosophischen Umwelt in Adyar konzentrierte sich Maria Montessoris Denken noch einmal ganz intensiv auf den kosmischen Aspekt. Zwar war für sie das Thema nicht neu, aber in ihren letzten Schriften rückte es stark in die Mitte.

Der Grundgedanke ist, daß der Mensch den lebenspendenden und -erhaltenden Gesetzen des Kosmos – von Maria Montessori als „Schöpfung" verstanden – unterworfen ist. Vergißt oder verleugnet er dies, kommt es zur Selbstvernichtung, weil der Mensch nur noch seinem egoistischen, destruktiven Machtsstreben folgt.

In der Erziehung ist gerade das Alter von sechs bis zwölf Jahren besonders sensibel für die sinnvolle Ordnung der Natur; hier kann ein „universales Bewußtsein" begründet werden, das zu einem Grundgefühl der Dankbarkeit und Liebe führt, welches wiederum die Basis für den Frieden ist. Diese Gedanken hat Maria Montessori in ihren Arbeiten zur kosmischen Erziehung, zur Friedenserziehung und auch in ihrer kleinen Schrift „Über die Bildung des Menschen" entwickelt und eindringlich formuliert. Wenn diese kosmische Perspektive wohl auch durch den Aufenthalt in Indien wieder neu angestoßen wurde, so weist sie doch auf das Zentrum des Lebens und Denkens von Maria Montessori hin.

1946 kehrte sie nach Europa zurück, um verschiedene Vorhaben durchzuführen. 1947-1949 kam es zu vielfältigen Aktivitäten in Indien, Ceylon und Pakistan; 1949 kehrte sie endgültig nach Europa zurück, wo sie unermüdlich in Kursen, auf Kongressen und Tagungen arbeitete.

1952 starb sie in Nordwijk aan Zee (Niederlande) und wurde auf dem dortigen katholischen Friedhof begraben.

2. „Milch und Liebe“ – die Grundgedanken

Vorbemerkungen

Das folgende Kapitel faßt einige Grundgedanken Maria Montessoris zusammen. Soweit es möglich ist, werde ich versuchen, sie selbst durch kurze Zitate zu Wort kommen zu lassen. Jeder Versuch, die leitenden Ideen Montessoris im Zusammenhang darzustellen, hat mit der Schwierigkeit zu kämpfen, daß sie selbst kaum einmal ihr Konzept systematisch entwickelt und abgehandelt hat. Ihre Werke setzen sich größtenteils aus Beiträgen zusammen, die auf Mitschriften ihrer zahllosen Vorträge basieren; Montessori hat diese oft wieder aufgegriffen, weiterentwickelt, verändert. Darum wird jede Darstellung der Basisbegriffe Montessoris sich die Freiheit nehmen müssen, einen systematischen Kontext zu rekonstruieren; das gilt auch für das folgende Kapitel.

In ihrer letzten Schrift – wenn man so will, ihrem pädagogischen Vermächtnis – schreibt Maria Montessori: „Die Natur hat die Mutter nicht nur mit der Milch ausgestattet, der materiellen Nahrung des Kindes. Sie hat sie darüber hinaus zu jener absolut altruistischen Liebe fähig gemacht, die ihre Seele verwandelt und sittliche Kräfte freisetzt, von der die Mutter selbst nie gewußt oder geahnt hatte – ebenso wie die süßen, nährenden Milchkörper bis dahin den roten Blutkörperchen unbekannt gewesen waren. So also sorgt die menschliche Natur auf zweierlei Weise für die Erhaltung der Art, und beides zusammen erst ergibt die ganze Ernährung des Menschen: Nahrung und Liebe. Wenn ein Kind entwöhnt ist, erhält es seine Nahrung aus seiner Umwelt in spezifizierter Form. Ebenso aber kommt aus dieser Umgebung auch eine Vielzahl psychischer Stimuli. Sie sollen nicht nur seine psychische Persönlichkeit formen, sondern genauso seine physiologische Persönlichkeit zur vollen Entfaltung bringen.“ (Pedagogical Anthropology. Zitiert aus: 17, 46) Und zusammenfassend notiert sie: „Das ganze Geheimnis liegt in zwei Worten: Milch und Liebe.“ (12, 151) Der zitierte

Abschnitt enthält einige Begriffe und Bilder, die für das Denken Maria Montessoris überaus charakteristisch sind.

Zunächst einmal: Was der kleine Mensch braucht, gibt „die Natur" zu erkennen; es ist Nahrung für den Körper und den Geist. Die vornehmste Aufgabe des Erziehers ist also nach Montessori zunächst die Beobachtung: Er muß genau darauf achten, welche Bedürfnisse das Kind äußert – und sich entsprechend darauf einstellen. *Eine zweite Beobachtung*: Im Denken Maria Montessoris gehören Körper und Geist zusammen und sind aufeinander bezogen; in anderen Zusammenhängen spricht sie über die Einheit von Peripherie und Zentrum, von Innen und Außen. So vertritt sie beispielsweise die These, daß jemand, der gelernt hat, seinen Körper im Gleichgewicht zu halten, auch ins innere Gleichgewicht gelangt. *Schließlich:* Ausgangspunkt und Ziel der Erziehung ist die Liebe.

Diese Gedanken sind gleichsam als Leitmotive für die pädagogischen Ideen Maria Montessoris zu betrachten und werden in der folgenden Darstellung wieder aufgegriffen.

1. Die anthropologischen Grundlagen

1.1. Das Kind – Schöpfer seiner selbst

Auch ihre allgemeinen anthropologischen Basissätze hat Montessori nicht aus philosophischen Systemen oder pädagogischen Theorien abgeleitet, sondern sie fand sie aufgrund von Beobachtungen, die sich in „disclosure"-Situationen zu grundlegenden Erkenntnissen verdichteten und dann wieder durch Experiment, Untersuchung und Erfahrung erhärtet wurden.

a. Der psychische Embryo

Montessori geht von der Beobachtung aus, daß der Mensch – im Gegensatz zum Tier – als bemerkenswert unfertiges Lebewesen auf die Welt kommt. Das spezifische Kulturverhalten ist ihm nicht angeboren, er muß es in einem anhaltenden Prozeß erlernen. Das ist nur möglich, wenn das kleine Kind in einer Gemeinschaft heranwächst, in der ein solches Kulturverhalten wirksam gelebt wird; lange nach der Formulierung dieser Gedanken durch Maria Montessori bezeichnete Adolf Portmann eine solche Gemeinschaft als „sozialen Mutterschoß", ohne den ein heranwachsender Mensch nicht gedeihen kann. (Portmann, 1958, 16)

Montessori entwickelte in diesem Zusammenhang ihre Lehre von den zwei Embryonen: „Somit durchläuft der Mensch zwei embryonale Perioden: eine ist pränatal und ähnelt der der Tiere – und die andere ist postnatal und tritt nur beim Menschen auf. Dadurch erklärt sich das Phänomen, das den Menschen vom Tier unterscheidet: die lange Kindheit." (11, 55)

„Diese postnatale Periode, die man als ‚formative Periode' bezeichnen kann, ist eine embryologisch aufbauende Lebensperiode, die das Kind einen geistigen Embryo sein läßt." (11, 55)

Die Entfaltung der Person erfolgt nicht willkürlich und regellos, sondern folgt dem „inneren Bauplan" eines jeden Kindes: „In Wirklichkeit trägt das Kind den Schlüssel zu seinem rätselhaften individuellen Dasein von allem Anfang in sich. Es verfügt über einen inneren Bauplan der Seele und über vorbestimmte Richtlinien für seine Entwicklung." (8, 44)

b. Wachsen gemäß dem inneren Bauplan

Wie hat man sich nun diese Entwicklung gemäß dem inneren Bauplan vorzustellen? Maria Montessori geht davon aus, daß jedem Menschen Möglichkeiten der Entwicklung gegeben sind; sie bezeichnet sie als „Potentialitäten" (z.B. 11, 52; 72ff); aber diese liegen bei der Geburt nicht fertig vor, wie beim Tier, sondern das Kind „trägt Potentialitäten in sich, die seine Entwicklung bestimmen". (52) Um diesen Gedanken näher zu charakterisieren, führt Montessori den Begriff der „Nebule" ein; der Begriff kennzeichnet in der Sprache der Astronomie die Stern-Nebel, „aus denen sich durch sukzessive Vorgänge die Himmelskörper gebildet haben". (73) Unter anthropologischem Aspekt meint er „die schöpferischen Energien", die das Kind anleiten, die „Umwelt zu absorbieren". (73) Die Potentialitäten kommen also zur Geltung und Wirkung erst durch die Aneignung der kulturellen Umgebung.

Montessori verdeutlicht diesen Vorgang immer wieder anhand des Spracherwerbs: „Zum Beispiel empfängt das Kind von der ‚Nebula' der Sprache die Anregung und die Anleitung, um die Muttersprache in sich selbst zu schaffen, die in seiner Umgebung gesprochen wird und die es nach bestimmten Gesetzen absorbiert. ... Die ‚Sprach-Nebula' enthält nicht die besonderen Formen der Sprache, die sich im Kind entwickeln werden, sondern aus der ‚Nebula' kann sich in der gleichen Zeit und durch den gleichen Vorgang bei allen Kindern der Welt jede Sprache aufbauen und entwickeln, die sie bei ihrer Geburt in ihrer Umgebung vorfinden." (11, 73) Der „innere Bauplan" konkretisiert sich also entsprechend dem sozial-kulturellen Lebensraum, in dem ein Kind heranwächst.

Die Dynamik, welche das Kind immerfort antreibt, durch Kontakt mit seiner Umgebung die ‚Nebule' zu konkreten Fähigkeiten zu entwickeln, nennt Maria Montessori ‚Horme'. Dieser – aus dem Griechischen gewonnene – Begriff wurde zuerst von der englischen Erziehungswissenschaftlerin Percy Nunn verwendet und bedeutet soviel wie: Vitaler Antrieb. (vgl. auch: Holtstiege, 1989,19ff) Montessori bemerkt: „Im Individuum ist eine vitale Kraft tätig, die es zu seiner Entfaltung führt. Diese Kraft wurde von Percy Nunn als horme bezeichnet." (11, 77)

Die Heran-Wachsenden entwickeln sich in mehreren Stufen – davon wird gleich noch die Rede sein. Maria Montessori legt aber großen Wert darauf, daß sie sich nicht erst zu Menschen heranbilden, sondern von Anfang an Personen im vollen Sinn sind. In ihrer letzten Schrift „Über die Bildung des Menschen" (1949 als Fragment erschienen) schreibt sie: „Die menschliche Personalität ist zweifellos durch die aufeinanderfolgenden Entwicklungsstufen hin nur eine einzige .... In unseren letzten Lehrgängen nannten wir darum auch das Kind: *Mensch*." (16, 121)

c. Die Bedeutung für das Kind: In Freiheit wachsen

„Keiner kann für das Kind wachsen." (11, 28) In diesem knappen Satz faßt Maria Montessori einmal die Bedeutung dieser Erkenntnisse für die Entwicklung zusammen. Im Blick auf die körperliche Entwicklung spricht dieser Satz eine Binsenwahrheit aus. Montessoris bahnbrechende Erkenntnis war, daß er ebenso für das geistige Wachstum gilt: Das Kind ist „Schöpfer seiner selbst" (z.B. 11, 148ff), „Baumeister" seines Lebens. (11, 13) Wie ist das zu verstehen?

Montessori entfaltet diesen Gedanken vor allem im Blick auf die erste Phase des menschlichen Lebens von der Geburt bis zum sechsten Lebensjahr: „Die Schöpfung, die es vollbringt, ist keine Kleinigkeit: Die Schöpfung des Ganzen. Es schafft nicht nur die Sprache, sondern formt auch die Organe, die es ihm ermöglichen, zu sprechen. Jede körperliche Bewegung, jedes Element unserer Intelligenz, alles, womit das menschliche Individuum ausgestattet ist, wird vom Kind geschaffen. Eine wundervolle Eroberung, die unbewußt vollbracht wird." (11, 21)

Was Maria Montessori hier im Blick auf die Schaffung der Kulturtechniken beschreibt, gilt auch für die Hervorbringung der Person als ganzer. Schöpfung seiner selbst – oder auch: Selbstaufbau der Persönlichkeit – das ist das Wunder, welches das Kind vollbringt. Das Erstaunen darüber hat Maria Montessori im Rückblick auf ihre Arbeit in San Lorenzo so zum Ausdruck gebracht: „Ich begann meine Arbeit wie ein Bauer, der brauchbares Saatgut besitzt und dem man einen fruchtbaren Acker zur Verfügung gestellt hat, auf dem man nun nach Belieben säen kann. Aber so war es nicht: sobald ich an die Schollen jenes Ackers rührte, fand ich Gold statt Korn: Diese Schollen verbargen einen kostbaren Schatz. Es zeigte sich, daß ich gar nicht der Bauer war, der ich zu sein vermeint hatte; ich war Aladin und hielt, ohne es zu wissen, die Wunderlampe in den Händen, die mir den Zugang zu verborgenen Schätzen erschloß." (8, 120)

Auf welche Weise erschließt sich der Zugang zu den verborgenen Schätzen? Es kommt alles darauf an, daß der geistige oder psychische Embryo optimale Entwicklungsbedingungen vorfindet: „So wie der physische Embryo die besondere Umwelt des Mutterschoßes benötigt, braucht auch der geistige Embryo den Schutz einer lebendigen, von Liebe durchwärmten, an Nahrung reichen Umwelt, in der alles darauf eingerichtet ist, sein Wachstum zu fördern und nichts hindernd im Wege steht." (8, 44)

Zwei Konsequenzen sind aus diesen Erkenntnissen zu ziehen: Einmal: Die Tätigkeit der Selbstschöpfung oder des Selbstaufbaus darf auf keinen Fall gestört oder verhindert werden: Das Kind muß in Freiheit wachsen können. Und: Im sozialen Mutterschoß bedarf das Kind vielfacher Wachstumsanreize, die es anregen, sich gemäß dem inneren Bauplan zu entwickeln.

Ich gehe nacheinander darauf ein.

1.2. Das Recht des Kindes auf Freiheit

Aufgrund ihrer grundlegenden anthropologischen Erkenntnisse kam Montessori zu ihrer zentralen Forderung der Befreiung des Kindes von der Bevormundung durch die Erwachsenen, die das Leben der Heran-Wachsenden deformiert und zerstört. Dies geschieht nicht durch bewußte Unterdrückung, sondern schon durch die Ziele der Methoden der herkömmlichen Erziehung. Montessori beschreibt die Verhaltensmuster der traditionellen Erziehung so: „Man muß das Kind dazu bringen, das zu tun, was der Erwachsene will; dann wird der Erwachsene es zum Guten, zur Kraft und zur Opferbereitschaft anleiten können, und die Moral des Kindes ist geschaffen. Der Kern der Erziehung liegt darin, das Kind zu zähmen, zu unterwerfen und folgsam zu machen. Wenn das erreicht ist, mit jedem Mittel, auch mit Gewalt, kommt der Rest von selbst." (2, 38)

Demgegenüber vertritt Maria Montessori leidenschaftlich das Recht des Kindes auf Freiheit. Diese Forderung begründet sich *zunächst einmal* aus der Beobachtung, daß Kinder nur dann wachsen, wenn sie frei und selbstbestimmt lernen können. Darüber wird noch zu berichten sein. Aber für Montessori geht es nicht nur um ein lerntheoretisches Postulat;

leidenschaftlich klagt sie die „Bürgerrechte des Kindes“ (2,19 ff) ein: „Welche Niedrigkeit ist es, das Recht des Erwachsenen anzuerkennen und nicht das des Kindes! Gerechtigkeit anerkennen ja, aber nur für die, die sich verteidigen und protestieren können; und im übrigen Barbaren bleiben .... es gilt das Recht des Stärkeren. Wenn wir uns ernsthaft mit der moralischen Erziehung des Kindes befassen, müssen wir einen Blick um uns werfen und uns wenigstens die Welt betrachten, die wir ihm vorbereitet haben. Wollen wir, daß es so wird wie wir und unwissend die Schwachen mit Füßen tritt? ... Wenn aber nicht, dann wollen wir, bevor wir dem Kind eine moralische Erziehung geben, es wie der Priester tun, der vor den Altar tritt: Er beugt sich voller Reue und gesteht seine Sünden der Welt.“ (25f)

Wenn die Erwachsenen dem Kind diese Freiheit ermöglichen, bedeutet dies nach Montessori keineswegs das gönnerhafte Entgegenkommen des Stärkeren; sondern: Wenn die Menschheit überleben will, muß sie sich in den Kindern erneuern! Daß das Kind der „Lehrmeister“ der Erwachsenen sei, ist ein schon früh geäußerte Überzeugung Montessoris (z.B. in: The Secret of Childhood, 1936, = 8, 209ff); dieser Gedanke hat sich dann – wohl unter dem Eindruck der moralischen Deformationen in der Zeit der faschistischen Diktaturen – zu der Idee verdichtet, daß „man zu den Kindern gehen muß, um Hilfe zu finden, wenn die Welt besser werden soll“. So formulierte sie in einem 1946 in London gehaltenen Vortrag „Das Kind und die Menschheit“ (in: 16, 77ff; Zitat S. 77): „Wir müssen erkennen, daß das Kind der aufbauende Mensch ist.“ (81) Und in ihrem letzten großen Buch sprach sie davon, daß das Kind „Baumeister des Menschen“ sei. (11, 13ff)

Wie sich diese Freiheit formiert und entwickelt, ist das Grund-Thema Montessori; es wird im weiteren Fortgang dieses Kapitels entfaltet; im Zusammenhang wird es noch einmal in Abschnitt 4 dieses Kapitels dargestellt.

1.3. *Wachsen*

a. Sensible Phasen

Um den Vorgang der Entwicklung gemäß dem „inneren Bauplan" plastisch zu beschreiben, hat Maria Montessori den Begriff der *sensiblen Phasen* (auch: sensible Perioden; sensitive Phasen; Empfänglichkeitsperioden ...) eingeführt. Der Begriff wurde von dem holländischen Biologen Hugo de Vries verwendet, um das Phänomen zu kennzeichnen, daß Tiere genau die für die jeweils aktuelle Entwicklungsphase nötigen Fähigkeiten besitzen und diese nach Abschluß der Phase wieder ablegen.

Diese Beobachtungen hat Maria Montessori anthropologisch gewendet und gezeigt, daß in den einzelnen Entwicklungsphasen aus dem Inneren des Kindes heraus starke Antriebe, Empfangsbereitschaften und Aufnahmefähigkeiten auftreten, die sich auf ganz bestimmte Inhalte richten, z.B. das Gehen, die Sprache, Sozialverhalten. Sie schreibt: „Das Kind macht seine Erwerbungen in seinen Empfänglichkeitsperioden ... Aufgrund dieser Empfänglichkeit vermag das Kind einen außerordentlich intensiven Zusammenhang zwischen sich und der Außenwelt herzustellen, und von diesem Augenblick an wird ihm alles leicht, begeisternd, lebendig ... Erst wenn während einer solchen Empfänglichkeitsperiode die entsprechende Fähigkeit errungen ist, senkt sich ein Schleier der Gleichgültigkeit und Müdigkeit über die Seele des Kindes. Kaum ist jedoch eine dieser seelischen Leidenschaften erloschen, da entzünden sich schon andere Flammen, und so schreitet das Kind von einer Eroberung zur anderen fort." (8, 49f)

Die Kenntnis dieser sensiblen Phasen ist von unschätzbarem Wert für die Unterstützung der Kinder bei ihrer Arbeit des Persönlichkeitsaufbaus. Allerdings muß auch mit großen Gefahren gerechnet werden:

– „Hat das Kind aber nicht die Möglichkeit gehabt, gemäß den inneren Direktiven seiner Empfänglichkeitsperioden zu handeln, so hat es die Gelegenheit versäumt, sich auf natürliche Weise eine bestimmte Fähigkeit anzueignen; und diese

Gelegenheit ist für immer vorbei ..., so können weitere Errungenschaften nur mit reflektierender Tätigkeit, mit Aufwand von Willenskraft, mit Mühe und Anstrengung gemacht werden." (8, 49f)

– „Stößt das Kind jedoch während einer Empfänglichkeitsperiode auf ein Hindernis für seine Arbeit, so erfolgt in der Seele des Kindes eine Art Zusammenbruch, eine Verbildung." (49) Es kommt zu Verhaltensauffälligkeiten, die nicht einfach als „Launen" abgetan werden dürfen, sondern als Signale für unbefriedigte Lernbedürfnisse ernstzunehmen sind.

Jedes Kind findet zu seiner eigenen Persönlichkeit aufgrund seines individuellen Bauplans; dennoch lassen sich für die einzelnen Entwicklungsstufen phasentypische Sensibilitäten beobachten:

b. Sensibilitäten der ersten Entwicklungsphase von 0 – 6 Jahren

Mit dieser Phase hat Maria Montessori sich am tiefsten beschäftigt und hier auch ihre weitreichendsten Entdeckungen gemacht. An erster Stelle ist die Theorie des *absorbierenden Geistes* zu nennen. Diese Entdeckung war Montessori so wichtig, daß sie ihr das letzte große Werk gewidmet hat: Der Originaltitel des Buchs „Die Entdeckung des Kindes" lautet: The Absorbent Mind. (1949) Der Begriff „absorbierender Geist" bezeichnet die Fähigkeit des jungen Kindes, eine unendliche Fülle von Eindrücken in sich aufzunehmen und im Unbewußten zu deponieren. Die Aufnahme erfolgt nicht bewußt und verarbeitend, sondern spontan und unwillkürlich. Montessori findet für diesen Vorgang treffende Bilder: Wie ein Schwamm, der alles aufsaugt, arbeite der absorbierende Geist oder wie ein Fotoapparat, der äußerst komplexe und detailreiche Gegenstände aufnimmt, ohne diese bewußt wahrzunehmen und zu verarbeiten. (z.B. 11, 104)

Diese erste psycho-embryonale Periode von 0 bis zu 3 Jahren nennt Montessori die schöpferische: Das Kind nimmt durch die spontane Absorption seiner Umwelt mit Hilfe des absorbierenden Geistes eine unendliche Fülle an Inhalten, Bildern und Verhaltensmustern in sich auf; in der zweiten

Stufe dieser Phase (3-6 Jahre) kommt es zur Verarbeitung und Ordnung der absorbierten, aber noch chaotisch ungeordneten Informationen durch neue Sensibilitäten. Montessori erkennt mit dem Eintritt in die zweite Stufe einen markanten Einschnitt in der Entwicklung – „als ob das Leben von neuem beginne". (11, 148) In ihrer Sicht entwickelt das Kind sich dann „vom unbewußten Schöpfer zum bewußten Arbeiter". (11, 148ff) Davon später mehr.

Vorerst will ich weitere Sensibilitäten der ersten Entwicklungsstufe (0 – 6 Jahre) skizzieren.

Eine zweite Sensibilität ist der *Bewegungsdrang*. Hier geht es nicht um unkontrollierte motorische Aktivitäten; das Interesse des Kindes ist vielmehr, die Kontrolle über seine Bewegungen zu erlangen, so daß es in der Lage ist, eine Vielzahl von Bewegungen und Bewegungsabläufen durch seinen Willen zu steuern. Maria Montessori nennt dies die „Koordination der Bewegung". (1, 98ff) Das Interesse an der Bewegung ist keineswegs nur gesteuert von dem Wunsch des Kindes, seinen Körper zu beherrschen, sondern ist „ein unerläßlicher Faktor für den Aufbau des Bewußtseins". (8, 103); denn die Bewegung ist der Ausgangspunkt für das Begreifen und Erfassen der Wirklichkeit.

Zu den grundlegenden Sensibilitäten dieser Phase gehört natürlich die Aneignung der *Sprache*. Gerade hier zeigt sich für Maria Montessori das „Wunder" des absorbierenden Geistes (s.o.). Sie hat diesen Prozeß unablässig erforscht und beschrieben (Bereits ausführlich in ihrem 1909 erschienenen Werk Il metodo [Deutsch: „Die Entdeckung des Kindes"], abschließend in ihrem letzten großen Werk: 11, S. 100ff).

Als letzte – vielleicht die wichtigste – Sensibilität der ersten Phase ist das Streben nach *Ordnung* zu nennen. Montessori notiert: „Es mag verwunderlich und verstiegen klingen, wenn wir behaupten, daß das Kind eine Empfänglichkeitsperiode für äußere Ordnung durchlebe; herrscht doch allgemein die Überzeugung, das Kind sei seiner Natur nach unordentlich." (8, 59) Montessori kann aber nachweisen, daß bereits kleine Kinder im Alter von anderthalb bis zwei Jahren ein deutliches Ordnungsbedürfnis zeigen. Dies speist sich offenbar aus dem Verlangen des Kindes nach Orientierungssicherheit in seinem Lebensraum: „Für das Kind ist die Ordnung das, was für uns der Boden ist, auf dem wir stehen, was für den Fisch das Wasser ist, in dem er schwimmt. Im frühen Kindesalter entnimmt der Menschengeist seiner Umwelt die Orientierungselemente, deren er für seine späteren Eroberungen bedürfen wird.“ (64) Es zeigt sich, „daß die Natur dem Kind die Sensibilität für Ordnung einpflanzt, um einen inneren Sinn aufzubauen, der nicht so sehr Unterscheidung zwischen den Dingen ist, als vielmehr das Erkennen der *Beziehungen zwischen den Dingen* (Hervorhebung von mir). Dieser Sinn macht die ganze Umwelt des Kindes zu einem Ganzen, dessen Teile in einem Abhängigkeitsverhältnis zueinander stehen.“ (65) Die Sensibilität für Ordnung löst dann den Prozeß der Strukturierung und Verarbeitung der Inhalte aus, die in der ersten Lebensperiode durch den absorbierenden Geist aufgenommen worden waren.

Die Sensibilität für Ordnung, Orientierung und Klärung von Zusammenhängen greift Montessori durch die Entwicklung entsprechender Materialien und das Angebot der „vorbereiteten Umgebung“ auf (Ausführlicher dazu unten!). Diese Materialien stützen sich auf die Beobachtung, daß der Erkenntnis- und Lernweg jüngerer Kinder über die Sinne verläuft („Von der Hand in den Kopf“). Dementsprechend sind die Materialien so konstruiert, daß sie immer von der sinnlichen Wahrnehmung ausgehen und Hilfen zur Orientierung und Ordnung anbieten.

In diesem Sinne ist Lernen bei Maria Montessori als ganzheitlicher Prozeß aufzufassen.

c. Sensibilitäten der zweiten Entwicklungsphase von 6 – 12 Jahren

Diese Entwicklungsphase zeichnet sich durch große psychische Stabilität auf Seiten der Heranwachsenden aus. Drei Sensibilitäten treten besonders hervor (Vor allem beschrieben in: „Von der Kindheit zur Jugend“). Zuerst ist die Fortentwicklung des Geistes zur *Abstraktion* anzusprechen. Das

Kind ist nicht mehr so stark an die sinnlichen Vorgaben des Materials gebunden, sondern entwickelt Vorstellungskraft, die ihm eine zunehmende eigenständige Strukturierung und Verarbeitung des Wissens ermöglicht. Maria Montessori bezeichnet dies als „Keim für die Wissenschaften". (10, 51) Der für diese Entwicklungsphase typische Weg ist ein induktiver: Man legt dem Lernenden ein exemplarisches Detail eines größeren Themas vor, an dem er grundlegende Strukturen des Themas oder des Sachgebiets erkennen kann; so wäre es beispielsweise denkbar, anhand der Lebensgeschichte eines Bauern aus dem 14. Jahrhunderts die Grundstrukturen und Probleme des Hochmittelalters zu erschließen. Auf diese Weise kann das Kind sich zunehmend vom überlegenen Wissen der Erwachsenen befreien, weil die Einsicht in Strukturen ihm einen Schlüssel zum Verständnis vieler Phänomene und Wirklichkeitsaspekte in die Hand gibt.

Sodann ist das Bedürfnis nach *Erweiterung des Lebensraums* zu nennen: „In der zweiten Periode braucht das Kind für seine sozialen Erfahrungen notwendig einen ausgedehnteren Bereich. Man kann seine Entwicklung nicht fördern, wenn man es in seiner ersten Umgebung läßt." (26)

Als dritte Sensibilität nennt Maria Montessori die Entstehung des *sittlichen Bewußtseins*. „In diesem Alter bildet sich ebenso der Begriff der Gerechtigkeit gleichzeitig mit dem Verständnis für die Beziehungen zwischen den Handlungen und Bedürfnissen der anderen." (30) Das Kind sucht die Gemeinschaft mit anderen, um Gesetze des Zusammenlebens zu erproben; Montessori legt dies am Beispiel der Pfadfinder dar. Zunehmend läßt sich das Kind in dieser Entwicklungsphase von der Stimme des eigenen Gewissens leiten; er wird unabhängiger von der Anleitung durch die Erwachsenen und gewinnt auf diese Weise Freiheit. (Zur näheren Klärung s.u. S. 63ff)

d. Sensibilitäten der dritten Entwicklungsphase von 13 – 18 Jahren

Die dritte Periode ist gekennzeichnet von starker psychischer Labilität. Charakteristische ist das Schwanken zwischen Selbstzweifel und Selbstüberschätzung, zwischen Niedergeschlagenheit und Hochgefühl. Drei Sensibilitäten bzw. Grundbedürfnisse dieser Phase spricht Maria Montessori an (10, 93ff):

Die seelische Instabilität löst das Bedürfnis nach *Zuwendung und Geborgenheit* aus. Gleichzeitig versuchen die Jugendlichen auszuloten, welche sozialen und gesellschaftlichen *Rollen* sie in Gegenwart und Zukunft ausfüllen könnten. Schließlich spricht Montessori die Sensibilität im Blick auf *„Gefühle für Gerechtigkeit und persönliche Würde"* an. (97f) Hier kommt es vor allem darauf an, das Selbstvertrauen der Heranwachsenden zu verstärken, sie zu ermutigen und zu bestätigen.

Maria Montessori hat diese Sensibilitäten in ein visionäres erzieherisches Konzept ausgemünzt, den „Erdkinderplan". (10, 91-121) Ihr stand ein Internat in ländlicher Umgebung vor Augen, verbunden mit einem Bauernhof, einem Laden und einem Gasthof. Diese Einrichtungen sollten die Jugendlichen – unter Anleitung und Unterstützung durch Erwachsene – selbst bewirtschaften. Die Erfahrungen, die die Heranwachsenden hierbei machen, sollten in umfassenden begleitenden Studien aufgearbeitet werden. Ziele dieser „Erfahrungsschule des sozialen Lebens" (13, 136) sind die Unterstützung der Jugendlichen bei der Selbstfindung und Anleitung zur Übernahme sozialer Verantwortung. Diese Vision ist eine Utopie geblieben – der „Erdkinderplan" wurde bis heute nirgends realisiert.

Am Ende dieses kurzen Überblicks über die sensiblen Phasen stellt sich die Frage nach ihrer Bedeutung. Es geht um die möglichst genaue Abstimmung der Erziehung auf die mit den sensiblen Phasen einhergehenden Fähigkeiten und Bedürfnissen der Heranwachsenden. Es ist entschieden zu betonen, daß es nicht um die Optimierung von Unterrichtsmethoden zur kurzfristigen Vermittlung von Wissen geht, sondern um die Begleitung und Unterstützung der Kinder und Jugendlichen im Prozeß des Selbstaufbaus. Maria Montessori schreibt: „Die Lehrerin darf niemals vergessen, daß das angestrebte Ziel nicht das augenblickliche Ziel ist – der Ausflug (sc. der kurzfristig angestrebte Lernerfolg) –, sondern daß das eigentliche Ziel darin besteht, das geistige Wesen, das sie erzieht, fähig zu machen, seinen Weg ganz allein zu finden." (10, 38)

Allerdings wird man fragen müssen, ob in unserer Zeit die Heranwachsenden nicht durch das Leben in einer lauten, hektischen und künstlichen Welt soweit von ihren eigenen Bedürfnissen und Sensibilitäten entfremdet sind, daß sie sie nur noch undeutlich oder überhaupt nicht mehr wahrnehmen können. Angesichts dieser Fragen gewinnen Montessoris Ideen über die Stille neue Aktualität. (s.u. Kapitel 5)

2. Die neue Erziehung – der neue Erzieher

2.1. Lernen und Wachsen in der vorbereiteten Umgebung (Indirekte Erziehung)

Wie kann sich nun der Erzieher auf diesen Prozeß des Selbstaufbaus der Heranwachsenden einstellen? Hier ist zu unterscheiden zwischen indirekter und direkter Erziehung.

Zunächst zur indirekten Erziehung. Zwei Grundaufgaben stellen sich unter diesem Aspekt.

a. „Die Honoratiorenrobe ablegen"

Zunächst einmal ist nicht davon zu sprechen, was ein Erzieher oder Lehrer tun soll, sondern davon, was sie *nicht* tun sollen! Die *erste Grundaufgabe* der Erziehung in der Montessori-Pädagogik ist also negativ zu bestimmen. Montessori entfaltet diese erste Grundaufgabe unter drei Aspekten: :

– Grundlegend ist, daß der Lehrer die „*Honoratiorenrobe*" ablegt, d.h. die hochmütige Neigung, sich selbst für fehlerfrei zu halten (8, 155); denn sie verstellt ihm den Weg zur Erkenntnis des Kindes und zur Anerkennung seiner Würde und Rechte.

– Als zweites ist die *Rücknahme der gewohnten Aktivität* des Erziehers anzusprechen: „Die Kinder in Ruhe lassen, sie nicht in ihrer Wahl und ihren spontanen Arbeiten hemmen – das ist alles, was man verlangt." (6, 43)

– Und schließlich: „Der Erwachsene muß eine viel bescheidenere Haltung haben. Seine *Autorität* muß er der schöpferischen Natur des Kindes opfern. Es ist für das Kind notwendig zu wachsen, und für die Autorität des Erwachsenen, sich zu vermindern." (48)

Aber das ist natürlich nicht alles, was Maria Montessori über die neue Rolle des Erziehers zu sagen hat. Sie bezeichnet den Antrieb des Kindes zum Aufbau der Person mit dem Hunger nach geistiger Nahrung, der nach dem sucht, was nötig ist, und folgert: „Wir müssen deshalb als erzieherisches Problem nicht die Suche nach Mitteln zur Organisation der inneren Persönlichkeit des Kindes und zur Entwicklung seiner einzelnen Charaktereigenschaften stellen; sondern nur das Problem, dem Kind die ihm notwendige *Nahrung* zu vermitteln." (2, 72)

Zusammenfassend schreibt Montessori: „Durch die Achtung vor seiner schöpferischen Aufgabe, durch das Vorbereiten einer offenbarenden Umwelt werden die Kräfte im Kind gesammelt." (6, 25) Hier stoßen wir auf einen für die Montessori-Pädagogik höchst bedeutungsvollen Aspekt: Die offenbarende Umwelt.

b. Die vorbereitete Umgebung bereitstellen

Der Begriff der „offenbarenden" oder „vorbereiteten" Umgebung basiert auf dem Gedanken, daß das Kind sich durch die produktive Beziehung seiner Potentialitäten zu seiner Umwelt entwickelt und daß sich ihm dabei immer neue Bereiche und Strukturen der Wirklichkeit öffnen. Die Aufgabe der Erziehung ist es, diese Umwelt so auszugestalten, daß von ihr – entsprechend den sensiblen Phasen – optimale Lern- und Wachstumsanreize ausgehen. Dies bezeichnet Maria Montessori als *„vorbereitete Umgebung"*. Ihre Bereitstellung ist die *zweite, positive Grundaufgabe* der Erziehung in der Montessori-Pädagogik.

Über die Ausgestaltung der vorbereiteten Umgebung wird später noch zu berichten sein; vorerst nur die Beobachtung, daß sich mit diesem Ansatz die Rolle des Erziehers grundlegend verändert: Seine Hauptaufgabe ist nicht länger die *direkte* Einflußnahme auf Wachsen und Lernen des Kindes, sondern er muß sich auf die *indirekte Erziehung* durch die Zubereitung der vorbereiteten Umgebung konzentrieren. Er muß sich von dem Grundsatz leiten lassen, den Maria Montessori einem Kind in den Mund legt: „Hilf mir, es selbst zu tun." (z.B. in: 13, 139) In anderer Version lautet der Satz – vielleicht noch treffender: „Hilf mir, mir selbst zu helfen." (14, 127) Dieser Satz weist darauf hin, daß diese Zurücknahme der Aktivität des Erwachsenen keineswegs ein passives Verhalten nach sich zieht. Programmatisch formuliert Montessori: „Die Freiheit des Kindes kann nicht darin bestehen, daß wir es ‚sich selbst überlassen', oder es gar vernachlässigen. Nicht durch gleichgültige Untätigkeit helfen wir der kindlichen Seele bei allen Schwierigkeiten ihrer Entwicklung, sondern wir müssen ihr mit Umsicht und liebevoller Sorge beistehen." (4, 37) Wie dieser Beistand aussehen kann, soll im nächsten Abschnitt erörtert werden.

2.2. *„Hilf mir, es selbst zu tun!" (Direkte Erziehung)*

Wenn auch die *indirekte Erziehung* als Basis der Montessori-Pädagogik gelten muß, bleiben doch auch Aufgaben *direkter Erziehung* im Rahmen der vorbereiteten Umgebung.

Vorbemerkung: Bei der folgenden Übersicht stelle ich einige Aufgaben zusammen, die Maria Montessori im Blick auf das Kinderhaus bzw. für das Grundschulalter formuliert hat. Nicht alles wird sich unter den Bedingungen der Schule, vor allem der Regelschule, auch einlösen lassen. Aber die Aufgaben können jedenfalls die Richtung für Veränderungen und neue Verhaltensweisen angeben; vier will ich besonders hervorheben:

a. Warten und Beobachten

In ihrem Werk „Schule des Kindes" schreibt Maria Montessori über die neue Rolle des Lehrers/der Lehrerin: „Statt des Redens muß sie das Schweigen lernen; statt zu unterrichten, muß sie beobachten; statt der stolzen Würde dessen, der unfehlbar erscheinen will, muß sie das Kleid der Demut anlegen." (122f) Es geht darum, die Arbeit des Heranwachsenden voller Konzentration und Teilnahme zu beobachten, um seine Sensibilitäten kennenzulernen, Stärken und Schwächen kennenzulernen, Schlüsse zu ziehen.

Hier ist nicht ein neutrales, distanziertes Beobachten gemeint, das das Kind als „Versuchsperson" einordnet, sondern von Liebe geleitete, „teilnehmende Beobachtung"; sie hat eine spezifische Qualität und Sichtweise: „Ein Mensch, der nicht liebt, sieht nur die Fehler bei den anderen ... Doch nur wer liebt, ist ein wirklich Sehender, und nur er kann die zarten Offenbarungen des Kindes sehen und verstehen, und nur vor ihm wird ein Kind seine wahre Natur zeigen können." (6, 22)

b. Anregen

Auch der Erzieher muß sich als ein Teil der vorbereiteten Umgebung verstehen. Der Erzieher/Lehrer wird also, wenn die Sensibilität des Kindes durch Beobachtung erkannt ist, gegebenenfalls versuchen, dem Kind sein Bedürfnis bewußt zu machen. Montessori schreibt: „Ich habe lange Zeit in diesem Sinn gearbeitet und versucht, mich zum Interpreten des Kindes zu machen, und ich habe dabei mit Überraschung beobachtet, wie sich die Kinder an ihren Interpreten wenden, denn sie verstehen, daß da jemand ist, der ihnen helfen kann." (11, 122) Auf diese Weise gelingt es, einen Kontakt zwischen dem Heranwachsenden und einem ihm gerade jetzt entsprechenden Inhalt herzustellen; sie bezeichnet die Funktion des Erziehers in diesem Zusammenhang als „Bindestrich" zwischen Kind und Umgebung. (1, 34).

Praktisch wird sich dies so auswirken, daß der Lehrer das Kind, wenn nötig, bei der Auswahl seiner Arbeit berät.

c. Beraten

Beratung gehört auch zum methodischen Repertoire an der Regelschule. Umso achtsamer wird der Montessori-Lehrer sie handhaben. Generell gilt: „Dem Kind muß geholfen werden, wo das Bedürfnis für Hilfe da ist. Doch schon ein Zuviel dieser Hilfe stört das Kind." (6, 21)

In der ersten Phase der Suche des Kindes nach einer im gemäßen Arbeit wird sich die Beratung am ehesten anbieten – wenn sie mit dem Gefühl für das richtige Maß und dem nötigen Taktgefühl angeboten wird. (vgl. Holtstiege, 1991, 76ff) Zu den Aktivitäten des Lehrers in der Anfangsphase gehört auch, daß er in den Gebrauch der Materialien einführt. Dies erfolgt meist in Form einer *Lektion* für ein einzelnes Kind oder eine kleine Gruppe. (vgl. vor allem: 1, 120ff; 171ff)

In aller Regel wird die Lektion non-verbal beginnen: Der Lehrer zeigt langsam und deutlich, wie ein Material richtig gehandhabt wird (das Kind sitzt links, damit die rechte Hand des Lehrers den Blick nicht verstellt!). In einem zweiten Arbeitsgang können dann (knappe!) verbale Erläuterungen hinzukommen; bei vielen Vorschulmaterialien ist hier eine Wortlektion vorgesehen, die den Gegenständen die entsprechenden Begriffe zuordnet (z.B. lang – kurz; dick – dünn; laut – leise ...).

Hat das Kind nach der Einführung selbst die Arbeit aufgenommen, zieht der Lehrer sich zurück, um die spontane Aktivität nicht zu stören. In der Phase der starken Konzentration („Polarisation der Aufmerksamkeit"), die gleich noch näher erläutert wird, tritt der Lehrer ganz zurück: „Sobald die Konzentration beginnt, muß er tun, als ob das Kind nicht existiert." (11, 252) Vielleicht kann man diese Zurückhaltung noch einmal mit dem schon genannten Satz Montessoris über die Aufgabe des Erziehers verdeutlichen: Er soll „einen Lichtstrahl geben und weitergehen". (1, 125) Er wird aber das Kind unauffällig beobachten, ihm weiterhelfen, wenn es Schwierigkeiten hat, es ermutigen, wenn es stockt, ihm vielleicht auch ein anderes Material anbieten, wenn es überfordert ist usw... Nach Abschluß einer Arbeit wird jedes Kind den Wunsch verspüren zu überprüfen, ob sie gelungen ist. Bei der selbständigen Prüfung unterstützt die vielen Materialien integrierte „immanente Fehlerkontrolle", aber auch die Beratung des Lehrers wird von Fall zu Fall nötig sein. (vgl. dazu unten S. 56)

Zur Beratungstätigkeit des Erziehers gehört schließlich der kommunikative Aspekt: Oft legt sich die kooperative Bearbeitung eines Materials oder einer Aufgabe nahe; wenn nötig, wird der Lehrer den Kontakt stiften, die Zusammenarbeit auf den Weg bringen, bei Schwierigkeiten beraten.

d. Organisieren

Die Unterstützung der Heranwachsenden bei der effektiven Organisation ihrer Arbeit zählt ebenfalls zu den Aufgaben direkter Erziehung. Montessori unterstreicht, daß die freie Schule Organisation braucht, „eine sorgfältigere Organisation, damit die Kinder frei sind, zu *arbeiten*". (11, 220)

An erster Stelle ist die gute Kenntnis und Beherrschung des Materials als Voraussetzung zu nennen. Diese Kenntnis wird ihn zu einer richtigen Dosierung der Materialangebote anleiten. Grundsätzlich gilt die Anweisung Montessoris, daß jedes Material nur einmal vorhanden sein soll (zur Begründung s.u.); und generell wird der Lehrer sich an Montessoris Rat halten, das „Maß zwischen Übertreibung und Mangel an Raum und Dingen" zu finden. (1, 85) Ein Übermaß führt zur Verwirrung und Orientierungslosigkeit, ein Mangel kann „geistige Unterernährung" bewirken. (vgl. Holtstiege, 1991, 75)

Gute Kenntnisse des Materials und der sensiblen Phasen benötigt der Lehrer für eine weitere Organisationsaufgabe: Die progressive Abstufung des Angebots entsprechend den Bedürfnissen, Interessen und Fähigkeiten der Lernenden.

Zur guten Organisation des Materials gehört weiter, daß die Kinder strikt angehalten werden, nach Beendigung ihrer Arbeit das Material wieder an den festgelegten Ort zu bringen, um die Orientierungssicherheit zu gewährleisten.

In diesem Zusammenhang ist die Beratung bei der Organisation des Arbeitsplatzes anzusprechen. Das beginnt bei den kleinen Kindern in der Form, daß nichts außer dem gerade bearbeiteten Material auf dem Tisch liegt und endet schließlich bei der Anleitung zur Ordnung und Übersicht bei der Arbeit mit Materialien.

Im Rahmen des schulischen Lernens ist besonders wichtig, daß der Lehrer die Schüler bei der Organisation ihrer Arbeitsleistungen berät, etwa in der Form von Wochenplänen, Arbeitsplänen, Arbeitspässen usw.

Ganz allgemein sorgt der Lehrer dafür, daß „Spielregeln" für die gemeinsame Arbeit festgelegt und eingehalten werden. Beispiel (Fischer, 1991, 66):

1. Ich entscheide mich, was, wofür und mit wem ich arbeiten will.
2. Ich bringe die angefangene Arbeit zuende.
3. Ich bemühe mich, meine MitschülerInnen nicht bei der Arbeit zu stören und sage ihnen auch, wenn ich mich gestört fühle.
4. Ich gehe mit den Arbeitsmitteln sorgfältig um und bringe alles an seinen Platz zurück, wenn ich die Arbeit abgeschlossen habe.

Die Einhaltung solcher Regeln muß der Lehrer überwachen. Montessori betont die Wichtigkeit dieser Aufgabe, um die in ihrer Arbeit vertieften Kinder zu schützen (1, 169); einmal spricht sie sogar davon, daß der Lehrer notfalls mit der Strenge eines Polizisten für die Einhaltung von Regeln sorgen müsse.

Maria Montessori rückt diese Überlegungen in die richtige Perspektive: „Die erzieherische Hilfe für das Kind darf nicht abgeschafft werden, nicht sie ist es, die uns hindert, das Kind zu verstehen, sondern der innere Zustand des Erwachsenen." (W.Böhm, 1990, 86) Damit kommt ein letzter Gedanke in den Blick:

2.3. Umkehr zum Kind

Der „innere Zustand" der Erwachsenen im Blick auf das Kind ist nach Maria Montessori gekennzeichnet durch Herrschaftsstreben, Hochmut und Zorn – Eigenschaften, die gründlich verhindern, daß das Kind sich selbst finden und aufbauen kann.

Die notwendige Verhaltensänderung „ist nicht zu erreichen durch das Studium psychologischer oder pädagogischer Wissenschaft, sondern allein durch *innere Einkehr*". (6, 17) Natürlich beabsichtigt Montessori hier nicht eine Abwertung der wissenschaftlichen Erziehungslehre; sie will aber durch den Begriff der Einkehr oder auch Umkehr klären, daß es um radikale Erneuerung der Beziehungen geht – eben wie in einer Be-Kehrung. (vgl. auch: 8, 20ff) Am Anfang muß die Einsicht in die eigenen Fehler stehen, die eine schrittweise Entwicklung einer „neuen Beziehungsstruktur" zwischen Erwachsenen und Kindern einleitet. (Holtstiege, 1991, 38ff)

Zugespitzt kann Montessori fordern, der Erzieher solle die Rolle eines *Dieners* des sich im Kind entwickelnden menschlichen Geistes annehmen. (z.B. in: 11, 253ff) Dabei ist allerdings besonders wichtig, genau zu unterscheiden! Bereits in ihrem ersten Werk (1, 65ff) macht Montessori klar, daß es nicht darum geht, Kinder zu bedienen, z.B. durch Füttern, Waschen, Versorgen ..., lauter Tätigkeiten, die das Kind mit Hilfe der Erwachsenen erlernen kann: „Wer *bedient* wird, statt daß man ihm *hilft*, nimmt in gewissem Sinn an seiner Unabhängigkeit Schaden." (65) Diese Einsicht über wohlmeinenden, aber schädlichen „Servilismus" zieht weitreichende Folgen für Erziehung und Unterricht nach sich!

Immer wieder ist in den Ausführungen Montessoris über den Erzieher von Entsagung, Verzicht, Demut, Umkehr die Rede. Zeichnet sie hier nicht ein tristes, demotivierendes Bild? Maria Montessori ist der Meinung, daß die „Einkehr" letztlich auch dem Lehrer und Erzieher selbst auf den Weg zu sich selbst verhilft: „Er gewinnt durch die psychischen Äußerungen der Kinder mehr als das Interesse *am Phänomen*. Er gewinnt die Offenbarung seiner selbst." (2, 129f) Das meint: In der Arbeit der Kinder an ihrer Person erkennt der Erzieher – wie in einem Spiegel – seine eigenen Möglichkeiten, die er vielleicht übersehen oder verschüttet hat. Davon könnte ein Anstoß zur eigenen Befreiung ausgehen. Damit eröffnet sich dem „bekehrten" Erzieher die Chance, selbst ein freier, selbstbestimmter Mensch zu werden.

3. Lernen in Freiheit

Bei der Beschäftigung mit den Werken Maria Montessoris und auch der Sekundärlitartur fällt auf, daß das Stichwort „Lernen“ allenfalls am Rande vorkommt. Das hängt vermutlich mit der neuen Sichtweise zusammen, die Montessori vertritt: Das Kind baut seine Persönlichkeit in freier, selbstbestimmter Arbeit. Es ist Subjekt seiner Arbeit – nicht länger Objekt fremdbestimmter Prozesse zur Charakterbildung oder Wissensvermittlung –; hier wird der Grund für die zurückhaltende Verwendung des Lern*begriffs* zu suchen sein – die Sache des Lernens aber ist ein zentrales Thema ihrer Gedanken. Ich setzte mit dem Fundamentalphänomen ihrer Lerntheorie ein – der Polarisation der Aufmerksamkeit.

3.1. Die Polarisation der Aufmerksamkeit

a. Das Schlüsselerlebnis – Das Mädchen mit den Einsatzzylindern

Wohl keine andere Geschichte hat Maria Montessori so oft und mit einer solchen inneren Bewegung erzählt wie diese aus der Zeit von San Lorenzo: „Die erste Erscheinung, die meine Aufmerksamkeit auf sich zog, zeigte sich bei einem etwa dreijährigen Mädchen, das damit beschäftigt war, die Serie unserer Holzzylinder in die entsprechenden Öffnungen zu stecken und wieder herauszunehmen. Diese Zylinder ähneln Flaschenkorken, nur haben sie genau abgestufte Größen, und jedem von ihnen entspricht eine passende Öffnung in einem Block. Ich erstaunte, als ich ein so kleines Kind eine Übung wieder und wieder mit tiefem Interesse wiederholen sah. Dabei war keinerlei Fortschritt in der Schnelligkeit und Genauigkeit der Ausführung feststellbar. Alles ging in einer Art unablässiger, gleichmäßiger Bewegung vor sich. Gewohnt, derlei Dinge zu beobachten, begann ich die Übungen des kleinen Mädchens zu zählen. Auch wollte ich feststellen, bis zu welchem Punkt die eigentümliche Konzentration der Kleinen gehe, und ich ersuchte daher die Lehrerin, alle übrigen Kinder singen und herumlaufen zu lassen. Das geschah auch, ohne daß das kleine Mädchen sich in seiner Tätigkeit hätte stören lassen. Darauf ergriff ich vorsichtig das Sesselchen, auf dem die Kleine saß, und stellte es mitsamt dem Kinde auf einen Tisch. Die Kleine hatte mit rascher Bewegung ihre Zylinder an sich genommen und machte nun, das Material auf den Knien, ihre Übung unbeirrt weiter. Seit ich zu zählen begonnen hatte, hatte die Kleine ihre Übung zweiundvierzigmal wiederholt. Jetzt hielt sie inne, so als erwachte sie aus einem Traum, und lächelte mit dem Ausdruck eines glücklichen Menschen. Ihre leuchtenden Augen sahen vergnügt in die Runde. Offenbar hatte sie alle jene Manöver, die sie hätten ablenken sollen, überhaupt nicht bemerkt. Jetzt aber, ohne jeden äußeren Grund, war ihre Arbeit beendet. Was war beendet und warum?

Es war dies der erste Spalt, der sich aus den unerforschten Tiefen der Kinderseele auftat. Da saß ein kleines Mädchen in dem Alter, in dem die Aufmerksamkeit für gewöhnlich ruhelos von einem Gegenstand zum anderen abirrt, ohne sich auf etwas Bestimmtes konzentrieren zu können; und doch hatte sich bei ihm eine solche Konzentration ereignet, war sein Ich für jeden äußeren Reiz unzugänglich geworden. Diese Konzentration war begleitet von einer rhythmischen Bewegung der Hand im Spiel mit genau und wissenschaftlich abgestuften Gegenständen.

Ähnliche Vorfälle wiederholten sich, und jedesmal gingen die Kinder daraus wie erfrischt und ausgeruht, voll Lebenskraft und mit dem Gesichtsausdruck von Menschen hervor, die eine große Freude erlebt haben.

Die Fälle einer solchen beinahe bis zur völligen Abschließung von der Außenwelt gehenden Konzentration bildeten zwar nicht die Regel, doch bemerkte ich bald eine seltsame Verhaltensweise, die allen Kindern gemeinsam war und ungefähr gleichmäßig bei jeder Übung auftrat. Es handelte sich um jenen Wesenszug kindlicher Betätigung, den ich später ‚Wiederholung der Übungen' genannt habe." (8, 124f)

b. Das „Montessori-Phänomen"

Was Maria Montessori hier beschreibt, ist das – später von vielen so genannte – „Montessori-Phänomen", die Polarisation der Aufmerksamkeit. Bald war ihr klar, daß sie auf die Quelle der inneren Kraft des Kindes gestoßen war. „Nun kommt es darauf an: Die innere Kraft des Kindes für seine Erziehung zu nutzen. Ist dies aber möglich? Es ist nicht nur möglich, es ist notwendig." (4, 45) „Und von nun an war es mein Streben, Übungsgegenstände zu suchen, die die Konzentration ermöglichen; und ferner studierte ich gewissenhaft, welche Umgebung die günstigsten äußeren Bedingungen für diese Konzentration bietet. So begann sich meine Methode aufzubauen." (44f)

Welche Grundzüge der Lehre von der Polarisation der Aufmerksamkeit zeigen sich bei Montessori? Zunächst einmal: Sie ist nicht durch beliebige äußere Reize auslösbar, sondern entsteht durch innere Aktivität, wenn diese auf Gegenstände trifft, die der sensiblen Phase entsprechen. Die erzieherische Kunst besteht darin, dem Lernenden Gegenstände anzubieten, die „in der Lage sind, die Aufmerksamkeit zu fesseln, die Intelligenz durch ständige Übung ihrer Energien reifen zu lassen und jene Phänomene der Ausdauer in der Beschäftigung und der Geduld zu erzeugen, die dann wieder die Beweglichkeit, das psychische Gleichgewicht und die Fähigkeit zur Abstraktion und zur spontanen Schaffenskraft erhöhen." (2, 84) Dies führt dann zu einer „beständigen Reaktion im Sinne einer geistigen Gewohnheit." (Holtstiege, 1987, 59)

Die Polarisation der Aufmerksamkeit läßt sich in verschiedenen Phasen beschreiben (= Aktivitätszyklen):

– *Phase der Vorbereitung oder Einübung*. Hier geht es um die Motivation für die Kontaktaufnahme mit einem Material oder Lerngegenstand. Dabei unterscheidet Montessori zwei Möglichkeiten :

(a) Fesselung durch den Gegenstand selbst;
(b) interessengeleitete Suche nach einer Sache.

– *Phase der „großen Arbeit"*. Sie ist gekennzeichnet durch die beginnende tiefe Versenkung in eine Sache. Diese hat nicht nur eine kognitive, sondern auch eine intuitiv-schöpferische Seite. Hier ist der „Intelletto d'amore" (Dante) wirksam: Die Schaukraft der Liebe, d.h. das Kind vertieft sich leidenschaftlich in den Gegenstand. Dies entspricht auch der modernen Lernforschung (Vester): kognitives und intuitives Lernen müssen verbunden werden.

– *Phase der Ruhe – Periode der Entdeckungen:* Das Kind löst sich aus der Versenkung, betrachtet sein Werk. Gleichzeitig assimiliert es die neuen Erkenntnisse in die bisherigen Strukturen, ordnet sie in Wissenszusammenhänge ein und macht sie damit verfügbar.

Im Prozeß der Polarisation entsteht zweierlei:

– „Verwurzelung" des Lernens durch Ordnung und ganzheitliches Lernen;

– Entwicklung geistiger Lernfähigkeit durch Ausbildung und Übung folgender Qualifikationen: Wahrnehmen – Beobachten – Ordnen.

c. Normalisierung

Montessori schreibt über die Polarisation der Aufmerksamkeit: „Dieses Phänomen wurde allgemein bei den Kindern. Es konnte also als eine beständige Reaktion festgestellt werden, die im Zusammenhang mit gewissen äußeren Bedingungen auftritt, die bestimmt werden können. Und jedesmal, wenn eine solche Polarisation der Aufmerksamkeit stattfand, begann sich das Kind vollständig zu verändern. Es wurde ruhiger, fast intelligenter und mitteilsamer. Es offenbarte außergewöhnliche innere Qualitäten, die an die höchsten Bewußtseinsphänomene erinnern, wie die der Bekehrung.

Es schien, als hätte sich in einer gesättigten Lösung ein Kristallisationspunkt gebildet, um den sich dann die gesamte chaotische und unbeständige Masse zur Bildung eines wunderbaren Kristalls vereinte. Nachdem das Phänomen der Polarisation der Aufmerksamkeit stattgefunden hatte, schien sich in ähnlicher Weise alles Unorganisierte und Unbeständige im Bewußtsein des Kindes zu einer inneren Schöpfung zu organisieren, deren überraschende Merkmale sich bei jedem Kinde wiederholten.

Das ließ an das Leben eines Menschen denken, das sich zwischen den Dingen in einem niederen chaotischen Zustand verlieren kann, bis eine besondere Sache es intensiv anzieht und fixiert – dann erlebt der Mensch die Offenbarung seiner selbst, und er fühlt, daß er zu leben beginnt.

Dieses geistige Phänomen, das das ganze Bewußtsein des Erwachsenen mit einbeziehen kann, ist also nur einer der konstanten Aspekte des Vorgangs der ‚inneren Bildung'. Es zeigt sich als normaler Anfang des inneren Lebens der Kinder und begleitet ihre Entwicklung." (2, 70f)

Diese Ausführungen zeigen, daß für Maria Montessori die Polarisation der Aufmerksamkeit unendlich viel mehr bedeutet als ein kognitiver Vorgang zur Steigerung der intellektuellen Aufnahmefähigkeit. Sie spricht geradezu hymnisch von „Offenbarung" des eigenen Selbst, von „innerer Bildung", von einem „normalen Anfang des inneren Lebens". Häufig spricht sie in diesem Zusammenhang von „Normalisierung". (z.B. 1, 34; 2, 297ff; 11, 173ff; 199ff)

Immer wieder beschäftigt sie sich mit Störungen und Verstörungen von Kindern, die sie öfter als „Deviationen" (Abweichungen) bezeichnet. Als Grundursache erkennt sie, daß Kinder daran gehindert werden, sich in Freiheit gemäß dem inneren Bauplan zu entwickeln. Die Normalisierung kann nicht von außen herbeigeführt werden, sondern vollzieht sich durch das Kind selbst; die entscheidende Rolle bei der „Genesung" spielt die Polarisation der Aufmerksamkeit, weil damit verschüttete Energien und Aktivitäten freigesetzt werden.

3.2. *„Schlüssel zur Welt": Lernen als geordnete und ordnende Verarbeitung von Inhalten*

Im Abschnitt über die Sensibilitäten der ersten Entwicklungsperiode hatte sich das Verlangen nach Ordnung als Grundbedürfnis gezeigt. Hier bietet sich dem Kind die Möglichkeit, sich in seiner Welt zu orientieren. Allerdings weist diese Sensibilität und der darauf bezogene Aufbau von Fähigkeiten weit über die frühkindliche Phase hinaus. Denn das Ziel ist ja die Entwicklung von Fähigkeiten, die der Heranwachsende für seine späteren geistigen „Eroberungen" benötigen wird. Es geht darum, die einzelnen Teile der Umgebung in ihrem struktuellen Zusammenhang und ihren Beziehungen bewußt zu machen.

Der Gedanke des Erlernens von Strukturen nimmt eine zentralen Stellung in der Montessori-Pädagogik ein, weil er mit dem Zugewinn an Freiheit durch Wachsen von Ordnungsstrukturen zusammenhängt. Maria Montessori schreibt: „Von einem Lebewesen zu sagen, daß es wächst, ist sehr oberflächlich; es wächst, in der Tat, aber aufgrund der Tatsache, daß es innerlich eine Ordnung bildet." (2, 117) Das innere Sich-Ordnen des Kindes ist eine wesentliche Voraussetzung für eine Entwicklung in Freiheit – und zugleich deren Folge.

Nach Montessori erfährt das Kind einen Zugewinn an Selbstbestimmung dadurch, daß es nicht Inhalte, sondern Ordnungs-Strukturen erlernt. Das zeigt sich bereits im elementaren Bereich der Bewegungserziehung und der Übungen des täglichen Lebens: Das Kind lernt, seine Bewegungen zu koordinieren und praktische Hantierungen selbständig auszuführen; damit wird es unabhängig (Näheres s.u. S. 57ff). In der Sinneserziehung wird es darin geschult, seine Eindrücke sprachlich zu fassen; es ist nicht mehr darauf angewiesen, sich mit Hilfe der Erwachsenen zu orientieren, sondern die erlernten Begriffe ermöglichen ihm die selbständige Erkenntnis und Bearbeitung von Gegenständen, die die gleichen Strukturmerkmale aufweisen. Der gleiche Ansatz setzt sich dann in der sprachlichen und mathematischen Bildung fort. Es geht nicht darum, führt Montessori aus, den Heranwachsenden eine Vielzahl von Gegenständen und Inhalten zu vermitteln, sondern „wir müssen dem Kind die Philosophie der Dinge geben", d.h. seine strukturellen Merkmale und sein Beziehungsgeflecht aufdecken. (1, 197)

Maria Montessori spricht in diesem Zusammenhang davon, daß ein solches Lernen dem Kind einen „Schlüssel zur Welt" in die Hand gibt (z.B. 1, 101f; 186; 11, 162ff): Wer anhand von Holzstangen, die in der Länge sorgfältig aufeinander abgestimmt sind („rote Stangen"), die Begriffe „lang" und „kurz" gelernt hat, kann mit diesem „Schlüssel" eine Vielzahl von Wahrnehmungen aus seiner Umwelt einordnen.

Die anthropologische und pädagogische Begründung und Interpretation bietet Montessori in folgendem Gedankengang an: „Da der menschliche Geist ein mathematischer und philosophischer ist, trachten wir danach, im angemessenen Verhältnis den Geist des Kindes zur Mathematik und Philosophie zu führen. Dies ist ein wesentlicher Erziehungsgrundsatz: Einzelheiten lehren, bedeutet Verwirrung stiften. Die Beziehung unter den Dingen herstellen, bedeutet Erkenntnisse vermitteln." (10, 126). Es versteht sich von selbst, daß Montessori den „mathematischen Geist" nicht auf die Mathematik begrenzt, sondern die Tendenz des menschlichen Geistes zur Ordnung, „zur Genauigkeit, zum Maß und zum Vergleich" anspricht. (150)

Letztlich geht es darum, durch das Erlernen von Strukturen und Zusammenhängen dem Verstand „Wege" zum eigenständigen Wahrnehmen, Verarbeiten und Lernen zu erschließen. (1, 198) Zusammenfassend formuliert H. Holtstiege: „Erkenntnisse vermitteln, dies bedeutet nach Montessori nicht die Vermittlung von Erkenntnisergebnissen, sondern Hilfengebung zum Mit- oder Nachvollzug des Erkenntnisprozesses selbst." (Holtstiege, 1987, 73).

3.3. Lernen als ganzheitlicher Prozeß

Lernen als ganzheitlicher Prozeß – dies war ein wichtiges Stichwort zu den Sensibilitäten der ersten Entwicklungsphase von 0 – 6 Jahren. Aber bereits im Blick auf die folgende Altersstufe, die Phase von 7-12 Jahren, sagt Montessori, daß die Kinder nun „eine neue Welt betreten, die Welt der Abstraktion". (10, 35/zitiert nach: Holtstiege, 1989, 107) In dieser Altersstufe entwickelt sich die Vorstellungskraft; sie macht die Heranwachsenden zunehmend unabhängig von der konkreten, sinnlichen Anschauung und „hebt die Dinge auf eine höhere Ebene, auf die Ebene der Abstraktion." (10, 124) Diese Fortentwicklung der Abstraktionsfähigkeit geht ständig voran.

Hier scheint sich die Montessori-Pädagogik in die gleiche Richtung zu entwickeln wie die gewohnte Lerntypologie in den weiterführenden Schulen: Es kommt dort zu einer starken Entsinnlichung der Schule und des Lernens, blutleere Abstraktion verdrängt immer mehr Konkretion, sinnliche Wahrnehmung, Handlungsbezug. An manchen Montessori-Schulen sind ähnliche Trends deutlich spürbar – sie unterscheiden sich im Blick auf die ständig ansteigende Entsinnlichung des Lernens kaum von den Regelschulen – jedenfalls im Sekundarbereich.

Aber eine solche Tendenz kann sich nicht auf Denken und Praxis Montessoris berufen! Zwar betont sie die zunehmende Fähigkeit zur Abstraktion in der Entwicklung der Heranwachsenden – aber diese Beobachtungen beziehen sich auf das kognitive Lernen! Es ist doch nicht zu übersehen, daß bei Montessori der Aspekt des praktischen, handlungsorientierten Lernens eine zentrale Rolle einnimmt – nicht zuletzt in der „Erfahrungsschule des sozialen Lebens", die sie für die dritte Entwicklungsphase vorschlug. Das ist heute in einer an der Montessori-Pädagogik orientierten Erziehung unbedingt wieder mehr zu pflegen – gerade auch im Sekundarbereich!

Auch ist zu bedenken, ob nicht die neueren Erkenntnisse der Lernpsychologie es nahelegen, die sinnliche Erfahrung als sensitiver Basis des Lernens, die Montessori vor allem für die erste Phase annimmt, auf das Lernen *in allen Entwicklungsstufen* zu erweitern. Jedenfalls lehrt die moderne Erforschung der Lernvorgänge, daß eine möglichst „mehrkanalige" Aufnahme und Verarbeitung von Information (z.B. Vester, 90; 108) eine intensive Verarbeitung und „Verwurzelung" des Wissens fördert.

3.4. Praxis des Lernens: Die vorbereitete Umgebung

a. Einige Stichworte zum Lernbegriff

Bevor das Konzept und Praxis der vorbereiteten Umgebung dargestellt werden, ist eine Vergewisserung darüber angezeigt, wie Montessori Lernen versteht. Der Überblick über die experimentellen und theoretischen Grundlagen des Lernens bei Maria Montessori läßt sich in einigen Stichworten zusammenfassen:

– Lernen ist nicht etwas, was als Forderung an Kinder oder Jugendliche herangetragen werden muß, sondern wurzelt in einer aus dem Inneren hervortretenden spontanen Aktivität. (Holtstiege, 1987, 76)
– Lernen ist als Vorgang der Aneignung der umgebenden Welt des Kindes zu verstehen. Dieser Vorgang betrifft alle Sinne.
– Diese Aneignung erfolgt zunächst weithin als vor-bewußter Prozeß mit Hilfe des absorbierenden Geistes; mit zunehmender Entwicklung tritt an seine Stelle die bewußte Verarbeitung der aufgenommenen Informationen. Diese Verarbeitung faßt Montessori grundlegend als Ordnung und Strukturierung auf.
– Lernen kulminiert in der „Polarisation der Aufmerksamkeit", einem Vorgang der höchsten Konzentration auf einen Gegenstand.
– Die Polarisation der Aufmerksamkeit führt durch spontane, freie Wiederholung und Übung zu einer positiven Entwicklung der Person („Normalisierung"): Die Heranwachsenden nehmen sich selbst als freie Subjekte wahr, die entscheidungs- und handlungsfähig sind.
– Zugleich wird das Lernen gelernt: „Die ständige Übung von Vergleich, Urteil und Auswahl zwischen den Dingen stellt die inneren Errungenschaften so logisch untereinander in Beziehung, daß sich daraus eine einzigartige Leichtigkeit und Genauigkeit im Denken ergibt und eine Schnelligkeit des Verstehens."(2, 156)
– Aus all dem geht hervor: Lernen ist nicht Gegenstand oder Produkt einer direkten Beeinflussung durch erziehende Personen; sondern es kann nur indirekt stimuliert und gefördert werden.

Unter *negativem Aspekt* stellt sich die Forderung, die spontane, freie Entwicklung nicht durch Bevormundung zu blokkieren; unter *positivem Aspekt* stellt sich die Aufgabe, den Lernprozeß der Heranwachsenden durch indirekte Erziehung zu stimulieren, zu begleiten und zu fördern. Zur Verdeutlichung verwendet Montessori auch die Begriffe *„Zentrum"* und *„Peripherie"* (vgl. ihren Text: Das Zentrum und die

Peripherie von 1922, abgedruckt in: Böhm, 1990, 41-44). Das „Zentrum“ ist die Mitte der Persönlichkeit, der Ort der Lebensdynamik; das Zentrum ist das „Geheimnis des Kindes“, das der Erwachsene nicht antasten darf. „Es gibt tiefere Bedürfnisse, bei denen der Mensch mit sich allein sein muß, getrennt von allem und allen, hingegeben einer geheimnisvollen Arbeit.“ (4, 42) Darum muß unverbrüchlich gelten: „Wir haben uns mit den Dingen, die im Zentrum vorgehen, nicht zu befassen.“ (Böhm, 1990, 42)

Ort der pädagogischen Aktivität ist allein die „Peripherie“; hier geht es um die sichtbaren Aktivitäten des Kindes, die Arbeit der Sinne und der Bewegung. Aufgabe der Erziehung ist es, „der peripherischen Aktivität des Kindes mit äußeren Mitteln zu helfen“ (43) – dann kann auch mit einer Anregung des geistigen Wachstums beim Kind gerechnet werden.

Diese Basis-Sätze bestimmen die Praxis des Lernens in der vorbereiteten Umgebung.

b. Grundzüge der vorbereiteten Umgebung

(1) Allgemeine Grundzüge

Die vorbereitete Umgebung soll das Kind anregen und in den Stand versetzen, seinen Lerninteressen nachzugehen. Dazu bedarf es zunächst einer Ausgestaltung, die den Lebensverhältnissen der Benutzer angemessen ist: leichte, bewegliche Möbel, die den Bewegungsdrang der Kinder nicht einengen und deren Anordnung je nach den Bedürfnissen verändert werden kann.

– Alle Gegenstände müssen so beschaffen und angeordnet sein, daß sie die Selbständigkeit des Kindes fördern; dazu gehört vor allem auch die Übersichtlichkeit und Ordnung; H.Holtstiege spricht in diesem Zusammenhang von „einfacher Struktur“. (Holtstiege, 1989, 130)

– Ferner genügt nicht die Bereitstellung von „Gegenständen irgendwelcher Art, sondern es muß eine Umgebung von ‚progressiven Interessen‘ gestaltet werden“ (11, 185), d.h. die Materialien müssen so ausgewählt werden, daß sie die wechselnden und aufeinander aufbauenden Sensibilitäten des Kindes entsprechend stimulieren und auf sie bezogen sind.

– Die vorbereitete Umgebung muß so gestaltet sein, daß sie vielfältige Anregungen zu den verschiedensten Aktivitäten bietet; Montessori sagt einmal, die Gegenstände in der vorbeiteten Umgebung hätten „Stimmen, welche die Aufmerksamkeit des Kindes auf sich ziehen und es zum Handeln anregen". (1, 95)

(2) Materialeigenschaften

Im Blick auf die Materialien hat Maria Montessori vier Grundkriterien festgelegt (vgl. die Zusammenstellung bei Holtstiege, 1989, 110ff):

– *Mengenmäßige Begrenzung*: Jedes Material sollte in der vorbereiteten Umgebung nur einmal vorhanden sein, um die dringend notwendige Orientierung zu ermöglichen; außerdem erzieht diese Beschränkung dazu, eigene Bedürfnisse auch einmal zurückzustellen oder sich mit anderen Interessenten zu arrangieren.

– *Ästhetik:* Jedes Material sollte höchsten Ansprüchen im Blick auf Schönheit, Funktionalität und Haltbarkeit entsprechen. Das regt zunächst einmal das Kind an, sich mit diesem Gegenstand zu beschäftigen. Darüber hinaus stimuliert es ein wachsendes Verantwortungsgefühl gegenüber den Dingen, ja schließlich – davon ist Maria Montessori überzeugt – die Sensibilität für die Stimme des Gewissens.

– *Anregungscharakter:* Dies Merkmal bezieht sich nicht nur auf die Weckung eines einmaligen Interesses, sondern betrifft die Fähigkeit eines Materials, das Kind zu ausdauernder und wiederholter Tätigkeit anzuregen.

– *Immanente Fehlerkontrolle:* Sie ermöglicht dem Heranwachsenden, anhand des Materials eigenständig festzustellen, ob eine Arbeit richtig ausgeführt wurde oder nicht. Beispielsweise verrät bei der einfachen Übung des Gießens der Wasserfleck auf dem Tisch dem Kind, daß die Übung noch nicht ganz gelungen ist. Oder bei der Anordnung der „roten Stangen" erkennt das Kind durch Abtasten, durch Augenschein oder Abmessen, ob sein Versuch erfolgreich war.

Später kommen differenziertere Methoden hinzu.
Montessori hat dem Umgang mit dem *Fehler* große Bedeutung beigemessen und ihm sogar ein eigenes Kapitel gewidmet. (11, 220-226) Zunächst einmal stellt sie das Thema in den Zusammenhang anthropologischer und pädagogischer Reflexion und stellt fest: Solange der Erzieher rechthaberisch auf seiner vorgeblichen Fehlerlosigkeit beharrt, wird es keine Veränderungen zum Guten geben – weder beim Kind noch beim Erzieher selbst. „So wird es besser sein, dem Fehler gegenüber ein freundschaftliches Verhalten an den Tag zu legen und ihn als Gefährten zu betrachten, der mit uns lebt und einen Sinn hat – und den hat er wirklich. ... Wenn wir der Vollkommenheit entgegengehen wollen, müssen wir auf die Fehler achten; denn die Vollkommenheit wird nur durch deren Verbessern erreicht." (11, 222) In jedem Fall ermöglicht die immanente Fehlerkontrolle dem Lernenden, ohne Aufsicht durch den Erwachsenen seine eigene Arbeit zu prüfen und einzuschätzen. Damit eröffnet sie einen weiteren Freiraum eigener Aktivität und stärkt auf die Dauer das Selbstbewußtsein und die Eigenverantwortung der Kinder ganz ungemein: „Die Erkenntnis, daß wir einen Fehler begehen können und ihn ohne Hilfe sehen und kontrollieren können, ist eine der größten Errungenschaften der psychischen Freiheit." (223) Es wird darauf ankommen, daß der Lehrer auch da, wo eine materialimmanente Fehlerkontrolle nicht möglich ist, den Lernenden in diesem Geist behilflich ist, ihnen den Fehler als „Freund" nahebringt und ihnen die selbständige Verbesserung und eigenständige Fortschritte ermöglicht.

Diesen Geist gemeinsamer Suche nach Fehlern und ihrer Überwindung unterstreicht Maria Montessori mit folgenden Sätzen: „Aus dieser Fehlerkontrolle entsteht eine Form der Brüderlichkeit; Fehler trennen die Menschen, aber die Kontrolle über diese ist eine Möglichkeit, sie zu vereinen." (226)

(3) Materialgruppen

Maria Montessori hat die verschiedensten Materialien für die einzelnen Sensibilitäten und Aufgabenstellungen entwikkelt. Hildegard Holtstiege hat sie übersichtlich in Materialgruppen zusammengefaßt:

– Angebote für Übungen des praktischen Lebens und der Bewegung. Dies sind insbesondere „Kultivierungsübungen" zur (1) Pflege der eigenen Person, (2) Pflege des Umgangs mit anderen Personen und (3) Pflege der Umgebung;
– Entwicklungsmaterial zur Pflege, d.h. Ausbildung und Verfeinerung der Sinne;
– Materialsysteme zum Erwerb sogenannter Kulturtechniken des Schreibens, Lesens und Rechnens (Alphabet und Zahlen);
– Material für Biologie, Erdkunde, Geschichte und Naturgeschichte etc.;
– Material für musische Aktivitäten;
– Angebote für soziale und moralische Erfahrungen: Freiheit der Kooperation, Mischung der Lebensalter, Erfahrungsschule des sozialen Lebens. (Holtstiege, 1993, 72)

Ich fasse noch einmal in drei Gruppen zusammen und gehe nacheinander darauf ein:

– Materialien zur Bewegung und zu den Übungen des praktischen Lebens;
– Materialien zur Sinneserziehung;
– didaktische Materialien.

c. Materialien zu den Übungen des praktischen Lebens und zur Bewegung

Diese Materialien und die darauf bezogenen Übungen sprechen vor allem Sensibilitäten der ersten Entwicklungsphase an; sie gehören daher in das Kinderhaus. *Einmal* geht es um die schrittweise Eroberung des eigenen Lebensraums und die gleichzeitige Lösung vom Erwachsenen. Diesen Ansatz hatte Maria Montessori bereits in San Lorenzo entwickelt (s.o.S. 15f). Welche Vorgehensweise ist anzuraten? Dies veranschaulicht eine Anweisung Montessoris über die Handhabung der Knüpfrahmen; diese beziehen sich auf den richtigen Umgang mit der Kleidung: „Knüpfrahmen sind Gegenstände, die den Kindern als Übung zur Analyse der Bewegungen dienen: es handelt sich dabei um einen Holzrahmen mit zwei Rechtecken aus Stoff, die miteinander verbunden werden können. Jeder Rahmen hat eine andere Verbindungsart: Knöpfe, Haken, Schnürsenkel, Bänder, Schnallen, mechanische Verschlüsse usw. Dieses Entwicklungsmaterial geht von den praktischen Handgriffen beim Anziehen aus. Dazu sind verschiedene Handgriffe erforderlich, kompliziert genug, um dem Kind die Aufeinanderfolge der verschiedenen Handgriffe verständlich zu machen, von denen jeder zu Ende geführt werden muß, bevor man zum nächsten übergehen kann." (1, 100f)

Was läßt sich aus diesem kurzen Text ablesen? Zunächst einmal: In der Regel werden die Übungen nicht an den Gebrauchsgegenständen selbst vorgenommen, sondern an Materialien, an denen *eine* Aufgabe beim Umgang mit der Bekleidung geübt werden kann. Diese Sammlung des Interesses auf einen Aspekt nennt Montessori „Isolierung der Schwierigkeit". Sie dient der Konzentration der Kinder und ermöglicht ihnen schon bald den erfolgreichen Gebrauch des Materials. Die Isolierung der Schwierigkeit ist ein charakteristisches Merkmal sehr vieler Montessori-Materialien. Weiterhin zeigt sich: Die Übung kann nur gelingen, wenn der Erzieher die notwendigen Bewegungen sehr deutlich und planvoll vorzeigt; dies nennt Montessori die „Analyse der Bewegung".

Die Übungen des praktischen Lebens – oft auch als Übungen des täglichen Lebens bezeichnet – sind schier unerschöpflich. Das verdeutlichen einige Beispiele.

– Übungen zur Pflege der eigenen Person: Händewaschen – Schuheputzen – Mit Kleidung umgehen...;
– Übungen zur Pflege des Umgangs mit anderen Personen: Jemand begrüßen – sich vorstellen – seine Wünsche äußern ...;
– Übungen zur Pflege der Umgebung: Blumen gießen – Metall putzen – Flüssigkeiten gießen...

Der *zweite Aspekt* dieser Übungen ist die – bereits angesprochene – Sensibilität der Bewegung (s.o.S. 30; 50). Die erwünschte Beherrschung der Bewegungen des eigenen Körpers („Koordination der Bewegung") ist größtenteils mit den Übungen des täglichen Lebens verbunden: Die Arbeit des Blumengießens beispielsweise erfordert und fördert die genaue Kenntnis und zunehmende Differenzierung der entsprechenden Bewegungen. Montessori hat aber noch ein spezielles Material zur Stärkung der Bewegungskoordination erfunden: Die Linie, auf der man geht. Eine Ellipse wird mit Farbe oder Klebeband auf dem Fußboden markiert. Das Kind muß so auf dieser Linie gehen, daß der Fuß ganz auf ihr steht. Wenn diese – nicht ganz leichte – Bewegung beherrscht wird, kommen weitere Übungen hinzu, die die Körperbeherrschung und Konzentration stimulieren, z.B. werden Glöckchen, gefüllte Wassergläser, Federn usw. mitgeführt.

d. Materialien zur Sinneserziehung

Auch diese Materialien gehören in den Kinderhausbereich, genauer gesagt, in die zweite Hälfte der ersten Entwicklungsphase: Alter von 3 – 6 Jahren. Hier erwacht die Sensibilität für erste geistige Ordnungen und Strukturierungen. Das Bedürfnis der Kinder richtet sich auf ordnende Verarbeitung der Sinneswahrnehmungen, die in den ersten drei Jahren mit Hilfe des absorbierenden Geistes „einverleibt" wurden (s.o. S. 32f).

Die Funktionsweise der Sinnesmaterialien sei exemplarisch an den *Tasttäfelchen* erläutert. Das Material enthält 10 Brettchen (10 x 9 cm), die mit Sandpapier in 5 Abstufungen versehen sind. Sie sind paarweise gleich. Als Schwierigkeit wird hier die Beschaffenheit einer Oberfläche isoliert; als Wahrnehmungsinstrument wird der Tastsinn isoliert angesprochen.

Das Material wird in einer *Lektion* eingeführt. Der erste Teil besteht in einer *nonverbalen Darbietung*. Der Erzieher reibt die Fingerspitzen aneinander, um die Sensibilität zu verstärken. Dann nimmt er zunächst nur eine Serie der Täfelchen. Nacheinander streicht er leicht mit zwei Fingern über die einzelnen Brettchen und fordert das Kind auf, das gleiche zu tun. Hier geht es zunächst um Sensibilisierung des

Tastsinns. Der Erzieher wählt zunächst durch Betasten das Täfelchen mit der gröbsten Körnung aus. Ebenso verfährt er mit dem feinsten Täfelchen. Dieser Teil der Arbeit wird als *Kontrastieren* bezeichnet.

Von den beiden Extremen her arbeitet der Erzieher sich durch genaues, ruhiges Betasten zu dem Täfelchen mit der mittleren Körnung vor. Durch weiteres Differenzieren entsteht eine gleichmäßig abgestufte Reihe. Diese Übung nennt man *Sequentieren oder Abstufen*.

In einer weiteren Übung nimmt der Erzieher die zweite Serie hinzu. Er zeigt, wie man durch Betasten die gleichen Täfelchen herausfindet. Diese werden paarweise gelegt. Am Schluß liegen die beiden Serien nebeneinander. Diese Zuordnung von Täfelchen der beiden Serien nennt man *Paaren*.

Das Kind wiederholt die Übung, so oft es will.

Der zweite Teil der Einführung besteht aus einer *Wortlektion;* sie dient der Übermittlung der Begriffe, mit denen die Eigenschaften des Materials bezeichnet werden. Die erste Stufe der Wortlektion heißt: „Namengebung" oder „Definition". Der Erzieher betastet das gröbste Täfelchen und sagt: „Das ist grob" – entsprechend beim feinsten: „Das ist fein". Die deutliche Unterscheidung wird durch das Kontrastieren der entgegengesetzten Materialien erreicht. Die zweite Stufe wird als „Wiedererkennen" oder „Assoziieren" bezeichnet: Das Kind soll Eigenschaften und Begriffe einander zuordnen können; der Erzieher fragt: „Zeig mal das Täfelchen, das grob ist!" In dieser Stufe gibt es eine Fülle von spielerischen Übungsmöglichkeiten („Gib mir – versteck – such – hole – lege zusammen ...."). Die letzte Stufe: „Benennen" oder „Reproduzieren" dient der Übung des aktiven Gebrauchs der Begriffe: „Wie ist das?...."

Die an diesem Beispiel erkennbaren Elemente sind charakteristisch für die Arbeit mit allen Materialien zur Sinneserziehung: Die sinnliche Wahrnehmung als Ausgangspunkt der Arbeit – Nonverbale Einführung/Wortlektion – Paaren/Kontrastieren/Sequentieren. Sie dienen dem Erlernen von Strukturen, dem Erkennen abstrakter Begriffe, der Übung der differenzierten Sinneswahrnehmung. Es zeigt sich deutlich: Die Sinnesmaterialien sind „materialisierte Abstraktionen". (1, 197)

Maria Montessori hat eine Vielzahl von Materialien zur Sinneserziehung konstruiert. Es ist fast unmöglich, sie genau zu klassifizieren. In Anlehnung an H. Holtstiege (Holtstiege, 1989, 104f) wäre denkbar:

– Sinnesmaterialien für das Entdecken von Kontrasten; Identitäten und Abstufungen. Hierher gehören – neben den bereits vorgestellten Tasttäfelchen – beispielsweise die „Dimensionsmaterialien": Einsatzzylinder, rote Stangen (beide wurden in diesem Kapitel schon kurz erklärt) ....
– Material für die Förderung des visuellen und auditiven Unterscheidungsvermögens: Hierzu sind u.a. zu zählen: Farbtäfelchen in unterschiedlichen Differenzierungen; geometrische Körper; flache Einsatzfiguren ...;
– zur auditiven Förderung wurden u.a. entwickelt: Geräuschdosen, Glocken.
– Materialien zur Förderung anderer Sinneswahrnehmungen: z.B. Gewichtsbrettchen, Geschmacksgläser, Riechdosen.

e. Didaktische Materialien

Die abschließend zu besprechenden Materialien sind in erster Linie für den Vorschul- und Primarbereich konzipiert. Vier Lernbereiche werden angesprochen:

– Vorbereitung des Schreibens und Lesens;
– Spracherziehung;
– Mathematik;
– sachkundliche Themen, vor allem Erdkunde und Biologie.

Für die Materialien gelten die oben entwickelten Grundzüge weiterhin. Zwei Merkmale treten aber in diesem Bereich besonders deutlich hervor:

(1) Eindringen in die Strukturen von Mathematik und Sprache

Während der Aufbau von Ordnungen im Bereich der Sinneserziehung noch sehr stark an die Materialien gebunden ist, kommt nun die Sensibilität für Abstraktionen zum Zug. Montessori beobachtet, daß die Heranwachsenden in der zweiten Entwicklungsstufe „eine neue Welt betreten, die Welt der Abstraktion“ (s.o.); an die Stelle der konkreten Materialien tritt immer deutlicher die Vorstellungskraft. Die Materialien sind präzis darauf abgestimmt, diesen Prozeß zu stimulieren und voranzubringen.

Das zeigt sich am Beispiel des Mathematikunterrichts. Er setzt zunächst anhand von Materialien ein; vor allem werden Perlen benutzt, um die Vorstellung von „Menge“ zu vermitteln, das sichere Zählen zu erlernen, aber auch, um schon früh das Dezimalsystem einzuführen. Die Kinder können sich bald sicher in einer der grundlegenden mathematischen Strukturen bewegen und selbständig erstaunliche Operationen durchführen. Sinnreich aufeinander aufbauende Materialien führen sie dann zu den schriftlichen Rechnungen, wo sie sich ganz von den Materialien gelöst haben.

Ähnliche Beobachtungen gibt es im Sprachunterricht. Durch zwangloses, aber zielgerichtetes Hantieren mit anschaulichen Gegenständen – am Anfang sind es solche aus einem Bauernhof – lernen die Kinder die Funktionen der einzelnen Wortarten kennen. Es dauert dann nicht lange, bis sie eigenständig anhand von Symbolen den richtigen Gebrauch beispielsweise von Verb und Substantiv, aber auch von Adjektiv und Adverb sowie deren Beziehungen zueinander erlernt haben. So kommen die Grundschüler zu einem überraschend selbständigen Umgang mit der Welt der Zahlen und der Sprache.

(2) Im Detail das Ganze meditieren

Die Materialien und Übungen zu den sachkundlichen Gegenständen, vor allem Biologie und Geographie, führen an die Erschließung größerer Zusammenhänge auf einem etwas anderen Wege heran: Montessori geht von der genauen Beobachtung einzelner, möglichst in der Realität erlebter Phänomene aus, z.B. der Erscheinung und Lebensweise einer Kiefer; darauf kann dann die Imaginationskraft aufbauen und eine Vorstellung vom Leben vieler oder aller Kiefern oder anderer Pflanzen entwickeln. Auch hier kommt die Sensibilität für abstraktes Denken zum Zug: „Der Geist des Kindes befindet sich in diesem Alter auf einer abstrakten Ebene. Das Kind begnügt sich nicht mehr damit, die Tatsachen zu sammeln. Es sucht nach ihren Ursachen. Man muß diesen seelischen Zustand nutzen, der es ermöglicht, die Dinge in ihrer Ganzheit ins Auge zu fassen und festzustellen, daß alles im Universum miteinander verbunden ist." (10, 121)

Leider hat Montessori ihre Ideen zur kosmischen Erziehung nur noch skizzieren und kaum mit eigenen Materialien konkretisieren können. Bei Neuentwicklungen von Material hierzu wird man sorgfältig darauf achten müssen, daß sie auf der Spur der Grundgedanken Montessoris bleiben und nicht einfach ein Sachkundethema methodisch interessant aufbereiten.

4. Freiheit und Bindung

4.1. Was ist Freiheit in der Montessori-Pädagogik?

In den vorangegangenen Abschnitten war viel von Freiheit die Rede. Es erscheint sinnvoll, noch näher zu klären, welche Bedeutung und Funktion Freiheit im Denken Montessoris hat. Grundlegend ist die folgende Aussage: „Die Tatsache, daß der Mensch nicht von festen und vorherbestimmten Leittrieben beherrscht wird, wie dies beim Tier der Fall ist, deutet auf das Vorhandensein einer gewissen Handlungsfreiheit, die erst langsam heranreifen kann. Man könnte beinahe von einer Schöpfung sprechen, die dem einzelnen Individuum überlassen bleibt und im voraus nicht zu bestimmen ist." (8, 40) Diesen Sätzen sind zwei charakteristische Merkmale des Freiheitsverständnisses bei Maria Montessori zu entnehmen:

– Freiheit gehört zur Grundausstattung des Menschen, sie ist ein „anthropologisches Phänomen". (Holtstiege, 1987, 14)

Dieser Satz ist nicht weiter aus philosophischen Prämissen ableitbar, er ist eine Grundannahme oder Setzung. Dennoch bleibt er im Denken Maria Montessoris kein blutleeres Konstrukt, sondern er bleibt in ihren pädagogischen Entwürfen und methodischen Arbeiten beständig auf Erfahrung bezogen, wird an ihr entfaltet und geprüft. Vielleicht könnte man sogar sagen, daß der Ausgangspunkt der Freiheits-Idee bei Montessori nicht die philosophische These ist, sondern die aus genauer Beobachtung gewonnene Erfahrung; diese Erfahrung verdichtet sich – in einem „disclosure"-Vorgang – zu einer Idee, die dann philosophisch formuliert und ausgearbeitet wird.

– Freiheit ist nicht einfach vorhanden, sie kann auch nicht gegeben oder erobert werden, sondern muß sich im Prozeß des Selbstaufbaus der Persönlichkeit entwickeln.

Freiheit muß also, sagt Montessori noch einmal in einer ihrer letzten Äußerungen, „gepflegt" werden, „damit es ihr gelingt, sich zu behaupten und sich als einer der Hauptzüge der menschlichen Eigenart zu zeigen." (Maria Montessori, Die Freiheit muß aufgebaut werden. 1951. Zitiert nach Holtstiege, 1987, 15) Wie muß man sich diesen Aufbauprozeß vorstellen?

Um diese Frage zu beantworten, benutzt Montessori eine zweite anthropologische Grundannahme: Den Gedanken der spontanen Aktivität. Auch dieser Gedanke ist keine abstrakte philosophische These, sondern speist sich aus der lebenslangen Beobachtung dieser Spontaneität. Montessoris These: Durch spontane, zielstrebige Aktivität „erlangt das Kind Freiheit". (11, 84)

Diese auf Selbstbefreiung gerichtete Tätigkeit vollzieht sich in mehreren Schüben (vgl. Holtstiege, 1987, 13): Am Anfang steht die Befreiung aus der Enge des Mutterleibes; auch nach der Geburt ist die Entwicklung des Kindes geleitet von dem Streben nach Unabhängigkeit: Es macht sich frei von der Muttermilch, kommt zu selbständigen Sprachäußerungen, kann sich nach dem ersten Lebensjahr selbst fortbewegen. So erkennt Montessori in allen Entwicklungsschüben dies Streben nach Freiheit in spontaner Aktivität. Diese Freiheit formiert und stabilisiert sich in der Entwicklung; ein Kind kann sich „nur dann normal entwickeln, wenn man es frei wirken läßt. Das Kind wird sich entwickeln mit der Übung der gewonnenen Unabhängigkeit." (11, 82)

Dabei ist nun von entscheidender Bedeutung, daß Freiheit im Denken Montessoris auf keinen Fall Bindungslosigkeit bedeutet; sie schreibt: „Was ist Freiheit des Kindes? Die Freiheit ist dann erlangt, wenn das Kind sich seinen inneren Gesetzen nach, den Bedürfnissen seiner Entwicklung entsprechend, entfalten kann. Das Kind ist frei, wenn es von der erdrückenden Energie des Erwachsenen unabhängig geworden ist. Dieses Freiwerden ist weder ein Idee, noch eine Utopie, sondern eine oft erfahrene Tatsache. Es ist eine Wirklichkeit, die wir dauernd erleben. Wir schließen damit nicht die Notwendigkeit der Kulturübermittlung, noch die notwendige Disziplin und auch nicht die Notwendigkeit des Erziehers aus. Der Unterschied ist allein der, daß in dieser Freiheit die Kinder voller Freude arbeiten und sich die Kultur durch eigene Aktivität erwerben, daß die Disziplin aus dem Kind selbst entsteht." (6,23f)

Wenn diese innere Disziplin noch nicht gewachsen ist, braucht das Kind Leitung und Anleitung; denn „dem Kind seinen Willen lassen, das seinen Willen nicht entwickelt hat, heißt den Sinn der Freiheit verraten." (11, 184) Freiheit und Bindung sind also aufs engste aufeinander bezogen. Das soll anhand der Freiarbeit, des Herzstücks der Arbeit an der Freiheit, verdeutlicht werden.

4.2. Verwirklichung der Freiheit in der Freiarbeit

Der Prozeß von Freiheit und Bindung konkretisiert sich in der Freiarbeit unter drei Aspekten: Im Blick auf die Wahlfreiheit, im Blick auf die Inhalte und im Blick auf die Sozialbeziehungen.

a. Freiheit und Bindung im Blick auf die Wahlfreiheit

Die Freiheit der Wahl realisiert sich im Blick auf fünf Tätigkeiten:

- „Freiheit der Bewegung in der vorbereiteten Umgebung;
- Freiheit des Interesses und der Wahl der Gegenstände;
- Freiheit der Zeit, d.h. der Dauer von Konzentrationsvorgängen;
- Freiheit der Kooperation;
- Freiheit der Wahl des Bildungsniveaus, d.h. freie Zuordnung zu Lerngruppen verschiedenen Alters." (Holtstiege, 1991, 78ff)

Die Chancen und Bedingungen der Freiarbeit sollen später anhand der religiösen Erziehung entfaltet werden (s.u. Kapitel 4); jetzt nur einige Anmerkungen: Sehr anschaulich beschreibt Maria Montessori, was sich im Prozeß der Wahlfreiheit entwickelt: „Unsere kleinen Kinder bauen ihren eigenen Willen auf, wenn sie in einem Prozeß der Selbsterziehung komplexe innere Aktivitäten des Vergleichens und des Urteilens in Bewegung setzen, um derart mit Ordnung und Klarheit ihre geistigen Erwerbungen zu machen. Diese Art der ‚Kenntnisse' ist in der Lage, auf die Entscheidung vorzubereiten, und macht sie von den Ratschlägen anderer unabhängig; sie treffen dann bei jeder Handlung während des Tages ihre Entscheidung; sie entscheiden, ob sie etwas nehmen oder lassen; sie entscheiden, ob sie dem Rhythmus eines Liedes mit Bewegungen folgen sollen; sie entscheiden, jeden Bewegungsimpuls zurückzuhalten, wenn sie die Stille wollen. Die konstante Arbeit, die ihre Persönlichkeit aufbaut, gewinnt ihren ganzen Antrieb aus Entscheidungen und tritt so an die Stelle des anfänglichen chaotischen Zustandes, in dem die Handlungen dagegen nur von Impulsen angetrieben wurden. In ihnen entwickelt sich ein willensstarkes Leben." (2, 175) Die Wahlfreiheit ist in Montessoris Sicht augenscheinlich nichts anderes als ein Arbeits,- Übungs- und Entwicklungsfeld für die Bildung der Person durch ständig an der Fülle freier Entscheidungen wachsende Selbständigkeit.

Gleichzeitig zeigt sich in diesem Feld auch die Notwendigkeit der Bindung:

– Das Kind bindet sich an die Sache – diese Erscheinung wurde im Zusammenhang mit der Polarisation der Aufmerksamkeit eingehend besprochen.

– Das Kind bindet sich an die vorbereitete Umgebung – in der Weise, daß es bemerkt: Nicht alle Materialien sind ihm schon angemessen. Es hat gelernt, daß die Materialien immanente Zugangs- und Arbeitswege einschließen, an die man sich halten muß, wenn der Lernerfolg sich einstellen soll: Es ist beispielsweise nicht sehr zweckmäßig, auf die Dauer die Dimensionsmaterialien lediglich als Bauklötze zu benutzen. Außerdem spielt die – schon dargestellte – mengenmäßige

Begrenzung eines Rolle: Das Kind muß sich darauf einstellen, daß das gewünschte Material gerade jetzt von einem anderen Kind bearbeitet wird.

– Das Kind bindet sich an die Kooperation, indem es von der Wahlfreiheit des gewünschten Partners abhängig ist.

Aber gerade in diesen Bindungen kann das Kind seine Freiheit erfahren und üben, weil sie eben nicht vom Erzieher/Lehrer aufgezwungen sind, sondern sich aus der „Situation verpflichtender Art" ergeben. (vgl. Holtstiege, 1987, 31ff)

b. Freiheit und Bindung im Blick auf die Inhalte

In diesem Feld sind zwei Entwicklungschancen für die Freiheit gegeben: Einmal erfährt das Kind in der Arbeit mit den Materialien, daß das Material sich nur aufschließt, wenn es seiner Eigenart entsprechend benutzt wird (s.o.). Die wachsende Einsicht, daß man sich an die „Eigengesetzlichkeit der Dinge" binden muß, lehrt das Kind, sich immer mehr an der Sache auszurichten, auf ihre „Stimme" zu antworten: Ver-Antwortung wächst als Prozeß selbst erfahrener Reifung.

Die zweite Lernchance bezieht sich auf den oben ausführlich besprochenen Vorgang, daß das Kind zunehmend Freiheit gewinnt, wenn sich in ihm Orientierungs- und Ordnungsstukturen aufbauen, die es vom Urteil der Erwachsenen unabhängig machen. Aber auch hier ist der Aspekt der „Bindung" unübersehbar: Dieser Zugewinn an Unabhängigkeit wird nur möglich bei gleichzeitiger Bindung an die „Stimme der Dinge".

c. Freiheit und Bindung im Blick auf die sozialen Bezüge

„Freiheit der Kooperation" ist ein wichtiger Grundsatz im Blick auf die freie Arbeit. Gleichzeitig erfährt das Kind aber auch die Begrenztheit seiner Freiheit, z.B. bei der mengenmäßigen Begrenzung, aber auch bei der Wahlfreiheit des anderen Kindes, die es zu respektieren gilt. Maria Montessori schreibt: „In den freien Beziehungen, in der wirklichen Übung, die Grenzen eines jeden an die Grenzen der anderen anzupassen, können sich ‚soziale Gewohnheiten' herausbilden." (1, 165) Aber auch diese Bindung ist eben nicht von außen aufgezwungen – etwa in Form von formulierten Rechten oder Anstandsregeln – wie Montessori im Zusammenhang der zitierten Stelle anmerkt – sondern sie kommt von innen heraus. Dies hängt mit der immer wieder beobachteten Erscheinung (s.o. S. 45ff) zusammen, daß am Ende einer Polarisationsphase das Kind ungewöhnlich herzlich und liebevoll ist und daß daraus neue Beziehungsfähigkeiten sich entwickeln: „Kooperation ist die Folge eines freien Lebens mit freier Aktivität." (15, 115)

In dem Augenblick, in dem das Kind erfährt, daß es „Herr seiner selbst" und auch der Kultur ist, ist so viel Selbstbewußtsein gewachsen, daß es sich nicht länger angsterfüllt auf Kosten anderer durchsetzen muß, sondern gelassen Zuneigung geben und annehmen kann.

Zusammenfassend bemerkt Montessori: „Das Kind, das noch nicht einer inneren Führung gehorchen kann, ist noch nicht das freie Kind, das sich auf den langen und schmalen Weg der Vervollkommnung begibt. Es ist noch Sklave oberflächlicher Empfindungen ..." (11, 245) Aber: „Freiheit bedeutet nicht, daß man tut, was man will, sondern Meister seiner selbst zu sein." (6, 23) Und: „Wenn wir Kinder nicht in unsere Formen pressen, sehen wir, daß sie Tugenden besitzen, die wir ihrem frühen Lebensalter kaum zutrauen: Unermüdlichen Tätigkeitstrieb, Nächstenliebe, innere Disziplin." (6, 38)

Montessori benutzt für die hier beschriebenen Phänomene den Begriff „Disziplin". Da der Begriff gerade in Deutschland eine negative Gebrauchsgeschichte hinter sich hat, ist zu überlegen, ob man auf ihn vorläufig verzichtet und an seine Stelle setzt: Eine von innen heraus notwendige Verantwortung für sich selbst, für andere und seine Umgebung.

So zeigt sich gerade auf dem Feld der Freiarbeit wieder sehr deutlich, daß Maria Montessori keine abstrakten Normen und lebensfernen Ziele formuliert, sondern ihre ganze Kraft daran setzt, die lebens-notwendige Freiheit im Kind Gestalt werden zu lassen.

5. Religion

Religion spielt eine nicht unwesentliche Rolle im Werk Maria Montessoris. Als erstes fällt ihre Sprache ins Auge: Sie ist von Religion durchtränkt, überall stößt der Leser auf biblische Bilder, Personen, Geschichten ... Besonders intensiv zeigt sich die religiöse Sprache in ihrem Buch „Kinder sind anders". Sehr bekannt ist der Schluß: „Ecce Homo!" ist er überschrieben. Das Kind wird im Bild des leidenden Christus gezeichnet: Es muß den Weg zum Kreuz gehen, es bekommt die Dornenkrone auf das blutende Haupt gedrückt ... Man mag über die Eigenart solcher Texte unterschiedlicher Meinung sein – aber sie zeigen doch deutlich, daß Montessori tief verwurzelt war in christlicher Tradition und religiösen Lebensäußerungen.

Wie wirkt sich die religiöse Dimension nun aber inhaltlich im Denken Maria Montessoris aus? Eine Schlüsselstelle findet sich in in ihrem Buch „Kinder sind anders". Im Blick auf die überraschenden Normalisierungsvorgänge, die sie bei den Kindern von San Lorenzo beobachtete, schrieb sie: „Es dauerte eine ganze Weile, ehe ich mich davon überzeugte, daß dies keine Illusion war. Vor jeder neuen Erfahrung dieser Art verharrte ich lange ungläubig, zugleich aber betroffen, ergriffen, bebend ... Eines Tages legte ich tiefbewegt die Hand aufs Herz, um es in seinem Glauben zu bestärken, und bei dem ehrfürchtigen Gedanken an jene Kinder stellte ich mir die Frage: ‚Wer seid ihr?' War ich am Ende jenen Kleinen begegnet, die Christus auf den Arm genommen und die ihn zu den göttlichen Worten begeistert hatten: ‚Wer eins dieser Kinder aufnimmt in meinem Namen, der nimmt mich auf' und ‚Wenn ihr nicht werdet wie die Kinder, werdet ihr nicht in das Himmelreich kommen'?" (8, 121) Hier deutet Montessori nicht nur ihre Empfindungen im Medium religiöser Sprache, sondern das Bild drückt ihre charakteristische Haltung gegenüber den Kindern aus: In ihnen erscheint Gott und beansprucht Ehrfurcht und Liebe.

In einem 1935 gehaltenen Vortrag über „Die Stellung des Menschen in der Schöpfung" führte sie aus: „Das Geheimnis der Erziehung ist, das Göttliche im Menschen zu erkennen und zu beobachten, d.h. das Göttliche im Menschen zu erkennen, zu lieben und ihm zu dienen; zu helfen und mitzuarbeiten von der Position des Geschöpfes und nicht des Schöpfers. Wir haben das göttliche Wirken zu fördern, aber nicht uns an seine Stelle zu setzen." (7, 18f)

Aber nicht nur Maria Montessori selbst verwendete solche Deutungsmuster; schon früh wurde auch von anderen erkannt, daß ihr pädagogisches Denken und Handeln von christlichen Grundsätzen geleitet war (vgl. die Hinweise in Kapitel 1, s.o.S. 19f). Als erste hoben die spanischen Priester hervor:

- Demut und Geduld der Erzieherin;
- die Priorität des Tuns;
- das Sinneslernen;
- Schweigen und Sammlung;
- Freiheit;
- die Sorgfalt, Fehler zu vermeiden;
- die liebevolle Achtung vor dem inneren Leben des Kindes ... (3, 15f).

Diese Sicht des Werks Maria Montessoris wird gern als „implizite religiöse Erziehung" bezeichnet. Daneben gibt es auch einige sehr engagierte Beiträge zu einer christlichen Erziehung (explizite religiöse Erziehung), die sich vor allem auf die Erschließung und Vermittlung der Liturgie bezieht (vgl. die Hinweise in Kapitel 1 und 3).

6. Das Ziel: Sich selbst finden – das Leben lernen

Ich versuche, die Grundgedanken anhand von drei Stichworten zusammenzufassen: Ich-Stärke und Liebe – Friedensfähigkeit – Leben in kosmischer Ordnung.

6.1. Ich-Stärke und Liebe

Immer wieder spricht Maria Montessori vom „neuen Kind", das durch den Prozeß der Normalisation erscheint; sie steht staunend und demütig vor dieser Erneuerung, die sie in religiösen Kategorien deutet, wohl auch, um die Unverfügbarkeit dieses Vorgangs zu betonen (Vom „Wunder“ spricht sie in 14,182; vgl. auch die Zitate auf S. 28).

Diese Erneuerung kommt nach den Erkenntnissen Montessoris durch die Polarisation der Aufmerksamkeit zustande. In einem 1946 gehaltenen Vortrag über soziale Erziehung erklärt sie: „Es ist ein interessantes Faktum, daß die Kinder nach dem Phänomen der Konzentration wirklich ‚neue‘ Kinder sind. Sie sind zu einem Verhalten und einer Aktivität fähig, wie sie bei Kindern gewöhnlich nicht gesehen werden. Es ist, als ob eine Verbindung mit einer inneren Kraft oder mit dem Unterbewußten hergestellt worden sei und dies den Aufbau der Persönlichkeit zustande bringt. Wir sehen, daß diese Kinder aktiv sind, daß sie sich selbst in einer wunderbaren Weise aufbauen. Sie schaffen den Menschen, sie sind zu Arbeit fähig, die sie vorher nicht leisten konnten. Diese Kinder sind für jeden eine Überraschung.“ (14, 112) Diese Erneuerung ist nicht etwas, was dem Wesen der Kinder fremd wäre; sondern in diesem Vorgang kommen die Kinder zu sich selbst, zu ihrer eigentlichen Identität, die sich als selbstbewußte Ich-Stärke aufbaut.

Als zweiten Ertrag der Konzentration nennt Montessori die wachsende Sozialfähigkeit: Die „neuen Kinder“ stellen sich „auf alles leicht ein, in der Arbeit und im Kontakt mit den anderen. Sie haben ein soziales Gefühl wie eine Gabe ... Ich habe dies ‚Gesellschaft durch Kohäsion‘ genannt, weil es sich nicht um befohlenes Verhalten handelt noch um imitiertes.“ (14, 112f) Im weiteren Verlauf des Vortrags schildert Montessori dann dies neue Verhalten: Kinder helfen sich gegenseitig, sie interessieren sich füreinander, sie trösten sich, sie nehmen Rücksicht, z.B. bei der Benutzung des nur einmal vorhandenen Materials, ja, sie helfen einander beim Prozeß der Normalisierung! (114)

Zusammenfassend schreibt Montessori: „Wenn es aus seiner Konzentration erwacht, scheint es die Welt, die es umgibt, das erste Mal zu spüren wie ein unbegrenztes Feld für neue Entdeckungen; es bemerkt auch die Gefährten, denen es ein herzliches Interesse entgegenbringt. In ihm erwacht die Liebe für die Personen und die Dinge. Freundlich und herzlich allen gegenüber ist es bereit, jedes schöne Ding zu bewundern... Das Kind begibt sich schlicht in eine Haltung tiefer Isolierung, und in ihm bildet sich ein starker, ruhiger Charakter, der Liebe um sich ausstrahlt." (11, 246)

6.2. Friedensfähigkeit

Gerade in den 30er Jahren, in denen sich die weltweite Kriegsgefahr immer deutlicher abzeichnete, trat Maria Montessori in mehreren großen Reden leidenschaftlich für die Erhaltung des Friedens ein (vgl. die Hinweise in Kapitel 1). Sie ließ die Vision einer in Frieden lebenden Menschheit aufscheinen, die sie mit dem 1936 in einem Vortrag geschaffenen Begriff der „nacione unica" umschrieb: Nicht mehr als Ansammlung gegeneinander konkurrierender, sich bedrohender Staaten muß sich die Menschheit verstehen, sondern als „eine Einzige Nation", in der gemeinsame Ziele und die Verpflichtung auf eine gemeinsame Zukunft die Menschen verbinden. (14, 44f)

In ihren Vorträgen untersucht Montessori die Ursachen der wachsenden Aggressivität und Kriegsbereitschaft und findet diese in der Erziehung: „Im Schulkind, das stets entmutigt und getadelt wird, entsteht ein Zustand des Mißtrauens in sich selbst und der Panik, die als Schüchternheit bezeichnet wird. Diese finden wir beim Erwachsenen wieder in Form der Verzagtheit, der Nachgiebigkeit und der Unfähigkeit zu moralischem Widerstand. Der Gehorsam, der dem Kind in der Familie und in der Schule aufgezwungen wird, ist ein Gehorsam, der Vernunft und Gerechtigkeit nicht gelten läßt, bereitet den Menschen darauf vor, sich der Schicksalhaftigkeit der Dinge zu unterwerfen." (14, 36) Ichschwache Menschen, so Montessori, sind bereitwillige Krieger. Dies erkennt sie als vorherrschenden Zustand der Gesellschaft und fragt: „Ist es vielleicht möglich, die menschliche Natur zu verbessern?" und fährt fort: „Es ist möglich und realisierbar in folgendem Sinne: die während seiner Entwicklungsperiode aufgezwungenen Abweichungen durch die Normalität zu ersetzen, die psychische Gesundheit des Menschen zu erreichen." (14, 35) So schließt sich der Kreis:

Friedensfähig ist der Mensch, der sich in Freiheit entwickeln und zu sich selbst kommen konnte.

6.3. Leben in kosmischer Ordnung

In ihrer letzten Lebensphase hat Maria Montessori ihre Gedanken zur Anthropologie und Erziehung noch einmal neu ins Licht der Idee einer kosmischen Erziehung gestellt. Die folgenden Hinweise stützen sich auf ihre Schriften zum Thema, aber auch auf einen Essay, den ihr Enkel Mario Montessori jun. aus eingehender persönlicher Kenntnis geschrieben hat. (in: 13, 170ff)

Maria Montessori geht von der Beobachtung aus, daß in der Natur alle Lebewesen eine sinnvolle Funktion zur Erhaltung des Gleichgewichts in der Natur haben (13, 21), selbst das gestorbene Lebewesen dient noch als Basis neuen Lebens (174ff). Auch dem Menschen als Teil der Schöpfung ist diese „kosmische Aufgabe" zugedacht. Im Unterschied zur übrigen Schöpfung ist er in der Lage, diese planvoll zu gestalten; seine kosmische Bestimmung ist es, die Welt so zu bearbeiten, daß sie als guter Lebensraum für alle Lebewesen erhalten und gesichert wird. Im Gegensatz zu allen anderen Geschöpfen wird er aber dieser Aufgabe nicht gerecht: „Wenn man diese Allgemeinheit des Beitrags aller Lebewesen bedenkt, kann man sich über den Menschen nur wundern. Ist die Menschheit die einzige parasitäre Art, die in nutzlosen Kämpfen und immenser Arbeit lebt, nur um sich selbst am Leben zu erhalten?" (13, 21) Schärfer noch: Die Menschheit ist die einzige Spezies, die nicht nur die Fähigkeit besitzt, sich selbst auszurotten, sondern sie ist in der Lage, alles Leben zu vernichten.

Wie in der Friedensarbeit muß auch im Blick auf die kosmische Bestimmung des Menschen eine Veränderung zum Guten bei der Erziehung einsetzen: „Der Plan einer Erziehung, die Rettung bringen will, muß auf den Gesetzen, die das menschliche Werden leiten, gegründet sein und muß alle potentiellen Energien, die im Menschen schlummern, realisieren. Wenn das Problem angegangen wird, indem man die Wurzeln der Individualität in Betracht zieht, ist es möglich, einen einfacheren und klareren Weg zu finden, die neuen Generationen, befreit und mit neuer Kraft erfüllt, zur Erwerbung einer neuen Orientierung des Bewußtseins zu leiten und die ganze Menschheit zur harmonischen Einheit zu führen". (26) Auch in der kosmischen Erziehung setzt Montessori auf die Kraft der Entwicklung junger Menschen in Freiheit und zur Freiheit, die ihnen ermöglicht, ihren Platz in der Schöpfung zu finden und verantwortlich auszufüllen.

Ich will dies Kapitel mit einigen Sätzen Maria Montessoris abschließen, die Basis und Ziel ihrer Pädagogik bündig zusammenfassen: „Das Gute bedeutet Leben; das Böse bedeutet Tod: Die wirkliche Unterscheidung ist so klar und eindeutig wie die Worte. Unser moralisches Bewußtsein ist wie die Intelligenz fähig, sich zu vervollkommnen und zu erheben; darin liegt einer der grundlegendsten Unterschiede zu den Instinkten der Tiere. Man kann die Sensibilität des Gewissens und das ästhetische Gefühl bis fast an die Grenzen des Absoluten vervollkommnen, das ‚Gute' zu erkennen und schließlich Freude daran zu finden, und so auch für die kleinsten Abweichungen zum Bösen hin empfindsam zu sein. Wer so fühlt, ist sicher ‚gerettet'; wer weniger fühlt, muß wachsamer sein und soviel er kann jene geheimnisvolle und kostbare Sensibilität bewahren und entwickeln, die zur Unterscheidung von Gut und Böse führt. Eines der wichtigsten Dinge des Lebens ist die methodische Prüfung des eigenen Gewissens und dazu als Lichtquelle nicht nur die Kenntnis der Moralgesetze, sondern die Liebe zu besitzen." (2, 319)

3. „Hilf mir, selbst zu glauben“ Religiöse Aspekte der Montessori-Pädagogik

Das folgende Kapitel stellt die religiösen Aspekte der Montessori-Pädagogik in Grundzügen dar. Die beiden großen Praxisfelder – Freiarbeit und Stille/Meditation – werden hier nur knapp angesprochen und dann in den Kapiteln 4 und 5 entfaltet

1. Religiöse Erziehung – ein Stiefkind in der Montessori-Pädagogik?

In der heutigen Theorie und Praxis der Montessori-Pädagogik nimmt die religiöse Erziehung eine merkwürdig schwache und isolierte Stellung ein; in der älteren Literatur gibt es noch eine breitere Auseinandersetzung; aber der Fluß wird, wenn ich recht sehe, zusehends schmaler. Einige Beobachtungen:

– Die von Maria Montessori selbst entwickelten Materialien zur religiösen Erziehung sind in den Montessori-Kinderhäusern offensichtlich nicht in Gebrauch; die einzige mir bekannte Ausnahme ist das Atrium in München, geleitet von Frau Presser-Velder. Auch die Firma Nienhuis bietet keine entsprechenden Materialien an.

Ein ähnliches Bild bietet sich im Bereich der Schule: Nur selten ist der Religionsunterricht in die Freiarbeit integriert; und die Entwicklung von Materialien zur Freiarbeit steht noch ganz in den Anfängen.

– Schließlich noch eine ganz banale Beobachtung: Das Hauptwerk Montessoris zur religiösen Erziehung „Kinder, die in der Kirche leben“, ist seit vielen Jahren vergriffen und nicht mehr zugänglich.

Welche Ursachen lassen sich für dies Schattendasein der religiösen Erziehung in der heutigen Theorie und Praxis der Montessori-Pädagogik namhaft machen?

– In den „klassischen“ Werken Montessoris kommt der religiöse Aspekt nur sehr punktuell und isoliert vor, und wenn, dann weniger in diskursiven Passagen, eher in bekenntnishaft-enthusiastischen. Das erschwert eine reflektierte Rezeption und Auseinandersetzung.
– Maria Montessori ist erst relativ spät, nach dem Abschluß ihrer Basis-Arbeiten zur Erziehung, zu einer grundlegenden Beschäftigung mit der religiösen Erziehung gekommen – und dies auch nur für einen begrenzten Zeitraum (vgl. Kapitel 1). Ihre Arbeiten zu diesem Themenkreis stehen daher wohl verhältnismäßig isoliert in ihrem Gesamtschaffen.

Zusammenhängende Äußerungen über religiöse Aspekte ihrer Pädagogik finden sich vor allem in folgenden Quellen (dabei ist allerdings mit den gleichen Schwierigkeiten wie bei vielen Schriften Montessoris zu rechnen: Die Datierung und Einordnung ist oft durch Mehrfachveröffentlichungen und verschiedene Bearbeitungsstufen erschwert).

Die bekannteste deutsche Ausgabe ist: *Kinder, die in der Kirche leben.* Die religionspädagogischen Schriften von Maria Montessori. Herausgegeben und übersetzt von Helene Helming. Freiburg 1964. Darin enthalten:
– Kinder, die in der Kirche leben (I bambini viventi nella chiesa. Napoli 1922)
– Das Leben in Christus (La vita in Cristo. Con annesso Calendario Liturgico 1932 e tavole illustrative a colori). Rom 1931. (3, 13-43)
– Die Messe, Kindern erklärt (La santa Messa spiegata ai bambini. Milano 1949. Bereits 1932 erschien in New York: The Mess Explained to Children). (3, 45-91)
– Die heilige Messe („Das offene Buch“. Übersetzt aus dem Sammelband: L'éducation religieuse. Paris 1956). (3, 93-154)
– Gott und das Kind (God en het Kind. Nach der italienischen Handschrift Dio e il bambino. Heemstede 1939. [3, 215-244] Diese Schrift ist in größeren Teilen abgedruckt in: 17, 173-182).

Weitere Schriften Montessoris zur religiösen Erziehung:
– *Die religiöse Erziehung* (Kapitel XXII in der Neubearbeitung von „Il metodo“ von 1926; deutsch: 1, 323-331).

– *Über religiöse Erziehung* (Vortrag London 1937. – Vortrag London 1946. Erschienen in: 15, 122-139).
– *Die Stellung des Menschen in der Schöpfung*. (Vortrag London 1935. Erschienen in: 13, 14-19).

2. Religiöse Erziehung bei Maria Montessori

2.1. Zur Begriffsklärung

Grundlegend für die Beschäftigung mit religiöser Erziehung in der Montessori-Pädagogik halte ich die von Maria Montessori selbst vorgenommene Differenzierung nach impliziter und expliziter religiöser Erziehung, die in Kapitel 1 schon kurz angesprochen wurde. Montessori unterscheidet zwischen:
– allgemeinen Grundsätzen ihrer Pädagogik, die christlichem Geist entsprechen: Montessori-Pädagogik *als* christliche Erziehung (dies kann man als implizite religiöse Erziehung bezeichnen);
– Versuchen, Kinder in die Liturgie der katholischen Messe ganzheitlich und mit-handelnd einzuführen, um ihnen – in ihrer Sicht – auf diese Weise das Herzstück des Christentums aufzuschließen: religiöse Erziehung *in* der Montessori-Pädagogik (dies kann man als explizite religiöse Erziehung kennzeichnen).

Ich gehe nacheinander darauf ein. Dabei stelle ich zunächst die beiden Ansätze dar und biete dann Gedanken zur kritischen Auseinandersetzung an (s.u. 3.2.).

2.2. Zwei Sichtweisen

a. Die explizite religiöse Erziehung bei Maria Montessori

Maria Montessori kam es darauf an, die Konvergenz zwischen „weltlicher" und „religiöser" Erziehung festzuhalten: Wie die allgemeine Erziehung die Verbindung zwischen Kind und Wirklichkeit in der Außenwelt herstellt, bemüht sich die religiöse Erziehung um die Beziehung der kindlichen Natur „mit der Wirklichkeit des übernatürlichen Lebens". (1, 323)

Auch die religiöse Erziehung sollte sich auf Beobachtung des Kindes, seiner Sensibilitäten und Bedürfnisse stützen. Dazu schrieb sie in ihrem Aufsatz „Gott und das Kind" (1939): „Das Kind muß auch in das übernatürliche Leben auf seine Weise eindringen .... Ehrfurcht vor der kindlichen Natur, die Gott selbst gewollt hat, verpflichtet uns zur genauen Beobachtung der Umstände, unter welchen die Kinder sich voller an Gott hingeben können. Auch in bezug auf die erleuchtende und drängende Gnade Gottes selbst offenbart sich das Kind in manchen Momenten, wie es zu Gott hinstrebt. Diese Entdeckung muß uns ein großes Glück bedeuten. Und nach dieser Entdeckung müssen wir, gedrängt von der Ehrfurcht vor diesem offenbarten Verlangen, alles nur mögliche tun, um die Bedingungen zu schaffen, welche geeigneter sind, dies Verlangen der Kinder auf angemessene Weise zu befriedigen. Man muß wahrscheinlich eine ganz andere Umgebung schaffen." (3, 237f) Als die „andere Umgebung" für die religiöse Erziehung entwickelte Montessori das „Atrium"; es handelt sich um die kirchliche Variante der vorbereiteten Umgebung im Kinderhaus; 1913 entstand das erste „Haus der Kinder in der Kirche" in Barcelona (vgl. Kapitel 1). Sie schrieb über die Bedeutung und Funktion des Atriums:

„Das Atrium ist keine Kapelle, sondern ein Raum, der für die religiöse Erziehung bestimmt ist. Er ist wie ein Vorzimmer zur Kirche. ... Das Atrium darf nicht als ein Ort aufgefaßt werden, wo die Kinder nur sitzen, um religiöse Unterweisung zu erhalten, sondern als ein solcher, wo sie:

1. die Möglichkeit haben, gewisse Handlungen zu vollziehen;
2. die Möglichkeit, ganz in Ruhe zu leben,
3. die Möglichkeit für gewisse Tätigkeiten haben, die ihnen erlauben, bestimmte religiöse Kenntnisse zu erwerben." (3, 31)

Wenn das Atrium auch kein sakraler Raum war, so enthielt es doch – in den Kindern angemessenen Dimensionen – die Gegenstände der Kirche. Die Kinder lernten unter Anleitung eines Geistlichen handelnd die heiligen Gegenstände kennen und vor allem die Ordnung der Messe mit allem, was dazu gehört. Auf diese Weise fängt das Kind an, „sich als Gottes Kind zu fühlen, das liebevoll im Haus des großen Himmlischen Vaters zur Gast ist". (3, 325)

Montessori erklärte: „Die Liturgie, die ein großartiger Ausdruck des Glaubensinhalts ist, mag wohl die ‚pädagogische Methode' der katholischen Kirche genannt werden, die nicht nur durch das Wort die Gläubigen belehrt, sondern welche die verschiedenen Tatsachen und Symbole der Religion lebendig darstellt und dem Volk erlaubt, jeden Tag an ihnen teilzunehmen. Damit es lebenspendende Nahrung für seine Seele findet, braucht man dem Kind nur diese vom göttlichen Licht glänzenden Tore zur Liturgie zu öffnen." (3,16)

Später fügte Montessori diesem Konzept die intellektuelle Übung hinzu: Die rituellen Gegenstände wurden gezeichnet, mit Wortkärtchen verbunden und konnten durch verschiedene Übungen intensiver eingeprägt werden. Diese Übungen nahmen einen sehr großen Raum in der religiösen Erziehung ein. 1931 kam dann eine Erweiterung des Einlebens in die Liturgie hinzu: Maria Montessori entwickelte eine differenzierte Methode zur Erschließung des Kirchenjahrs; die intensive Beschäftigung sollte die Kinder zu einem „Leben mit Christus" führen (so auch der Titel der kleinen Schrift). In späteren Jahren verband Montessori Landarbeit mit der religiösen Erziehung: Die Kinder bauten selbst Weizen und Rebstöcke an, um das Heranreifen der Elemente der Eucharistie mitzuerleben.

Der zweite Bereich der expliziten religiösen Erziehung bei Montessori ist die moralische. Zunächst ist kleineren Kindern durch intensive Zuwendung ein Gefühl der Sicherheit zu vermitteln: „Gott, der das Kind liebt und schützt und seine Engel aussendet, um es Tag und Nacht unsichtbar zu bewachen, ist die Grundlage ihrer Religion." (3, 328) „Erst später erwacht ihr soziales Gefühl, und sie empfinden die Verantwortung für ihre eigenen Taten. Dann ist es an der Zeit, daß sich zu dieser neuen Entwicklung eine Führung gesellt: eine Führung in der Welt und besonders eine Führung, die das Gewissen des Individuums leitet.“ (1, 328) Diese Führung bietet die religiöse Unterweisung an.

Insgesamt ging Maria Montessori davon aus, daß die religiöse Erziehung der allgemeinen Erziehung genau entspricht und auf ihr aufbaut; vor allem:

- Die vorbereitete Umgebung im Kinderhaus entspricht dem Atrium;
- die Einübung in die Aufgaben des praktischen Lebens beziehen sich im Kinderhaus auf die notwendigen Fertigkeiten zur Orientierung im Alltag; im Atrium geht es um die Einübung in das gottesdienstliche Leben;
- die allgemeine Erziehung bietet Hilfen zur Entwicklung der intellektuellen Fähigkeiten und zur Entfaltung der Persönlichkeit; die religiöse Erziehung bemüht sich um Förderung des religiösen Lebens. (1, 323)

Das starke Echo, das die Montessori-Pädagogik seinerzeit im Raum der katholischen Liturgie und Religionspädagogik fand, wurde sicher stark begünstigt durch die Tatsache, daß ihre Ansätze aufs glücklichste mit den zeitgenössischen liturgischen und katechetischen Reformbewegungen zusammenstimmten. Im Bereich der Liturgie ging es darum, erstarrte Riten zugunsten der Erschließung ihrer Kraft für gelebtes Christsein aufzubrechen; die Besinnung auf die pastorale Basis der Liturgie ging Hand in Hand mit Bestrebungen zu praktischen Veränderungen; – im Blick auf die Katechese bemühte man sich, die herkömmlichen Formen mit ihren abstrakt-begrifflichen und moralisierenden Tendenzen durch Anschaulichkeit zu beflügeln und die Glaubenspraxis mit einzubeziehen.

b. Die implizite religiöse Erziehung bei Maria Montessori

Maria Montessori hat sich nie im systematischen Zusammenhang zur Frage der religiösen Dimension ihres Erziehungskonzepts geäußert. Doch finden sich zahlreiche Beispiele dafür, daß sie ihre Gedanken und Modelle zur Erziehung im Ganzen in einem religiösen Kontext und Begründungszusammenhang sah. Einige Hinweise dazu habe ich in Kapitel 1 zusammengetragen. Einige zusammenfassende, programmatische Bemerkungen finden sich in einem 1935 gehaltenen Vortrag über „Die Stellung des Menschen in der Schöpfung". Sie forderte: „Wir dürfen nicht nur das Kind sehen, sondern Gott in ihm"; und „Gott im Kind" ist nichts anderes, als „die Gesetze der Schöpfung in ihm". (7, 18) Als Grundaufgabe der Erziehung bestimmte sie, „das Göttliche im Menschen zu erkennen, zu lieben und ihm zu dienen" (Das vollständige Zitat findet sich in Kapitel 2, S. 69f); und sie fuhr fort: „Es sind zwei Dinge zu tun. Erstens eine Kenntnis von Gott und allen Dingen der Religion zu geben. Zweitens die verborgenen Kräfte des Kindes zu erkennen, zu bewundern und ihnen zu dienen und demütig zur Seite zu treten, mit der Intention der Mitarbeit, so daß die Personalität des Kindes mit seiner inneren Gegenwart immer vor uns steht." (7, 19)

Was sie hier als „alle Dinge der Religion" bezeichnet, hat sie, wie im vorigen Abschnitt beschrieben, vor allem in den Jahren in Barcelona zunächst als intensive Einführung in das Leben der katholischen Kirche konzipiert. Rückblickend bemerkte sie (1948): „Dieses Experiment der religiösen Erziehung trat in letzter Zeit in unseren ‚Kinderhäusern' zurück, weil es sich ausschließlich auf die katholische religiöse Erziehung bezog..." (1, 330) Im Zusammenhang der universalen Weitung ihres Denkens kam sie dann zu der Erkenntnis: „Wir müssen bedenken, daß Religion eine universale Empfindung ist, die in jedem Menschen existiert und existiert hat seit Beginn der Welt. ... Sprache und Religion sind die beiden Kennzeichen jeder Menschengruppe. ... Wenn uns Religion fehlt, so fehlt uns etwas Fundamentales für die Entwicklung des Menschen." (14, 130)

Solche religiösen Interpretationen ihres Denkens finden sich nicht nur bei Maria Montessori selbst; schon um 1910 hatten spanische Priester von der religiösen Qualität ihres Konzepts gesprochen. (vgl. die Zusammenstellung der Merkmale in Kapitel 2, S. 70). Zuletzt hat m.W. Paul Oswald den Versuch unternommen, Basissätze der Montessori-Pädagogik in ihrer religiösen Dimension zu bestimmen (Oswald, 1981). Er differenziert nach vier Aspekten:

– Im Blick auf den *Einzelmenschen* hält er fest:
Ehrfurcht vor der Würde der Person;
Ernstnehmen und Förderung der Freiheit;
Bindung an das Gewissen;
Ganzheitliche Ausrichtung der Entwicklung.
– Unter dem Aspekt des *sozialen Lernens* nennt er zwei grundlegende Gesichtspunkte:
Die Liebe verbindet Mensch und Mitmensch und gleichzeitig die Seele mit Gott;
der Frieden als Ausgangspunkt und Ziel des Lernens lebt von der Vision der Hoffnung auf eine Vollendung der Schöpfung.
– Unter dem Aspekt der *kosmischen Erziehung* lenkt Oswald die Aufmerksamkeit auf folgende Gesichtspunkte:
Die einzigartige Stellung des Menschen in der Schöpfung weist ihm eine spezifische Verantwortung zu;
diese richtet sich an der kosmischen Ordnung aus; sie ist ein geordnetes Sinngefüge, in dem der Mensch seinen Platz und seine Aufgabe finden muß.
– Schließlich unterstreicht Oswald, daß Maria Montessoris Grundsatz der *Orientierung am Kind* als intensivste religiöse Komponente in ihrem Erziehungskonzept gelten kann; denn in der Sicht Montessoris ist Gott in jedem Kind; mehrfach bezieht sie sich ausdrücklich auf die Aussage Jesu, daß die Gottesherrschaft den Kindern besonders entspricht und die Erwachsenen ihr nur im Geist der Kinder nahekommen können.

Wie kommt Oswald zu dieser Einschätzung der Montessori-Pädagogik als einer christlichen Pädagogik? Das Vorgehen ist eigentlich immer gleich: Oswald benennt zentrale Sätze der Montessori-Pädagogik und versucht zu zeigen, daß sie über sich selbst hinausweisen in eine nicht empirische Sinndimension und damit eine metaphysische (religiöse) Qualität aufweisen.

Die Zusammenstellung leuchtet ein. Allerdings kann die Feststellung der engen Affinität von Montessori-Pädagogik und religiöser Erziehung noch nicht ganz befriedigen; es müßte genauer nach der wechselseitigen Anregung und Belebung gefragt werden.

Das möchte ich im weiteren Verlauf dieses Kapitels versuchen.

3. Entwurf eines eigenen Ansatzes

3.1. Zur Hermeneutik der Montessori-Rezeption

Bevor ich mich mit der religiösen Erziehung bei Montessori auseinandersetze, möchte ich einige Vorbemerkungen zur Methode machen: Mir fiel schon in meiner eigenen Ausbildung, aber auch beim Studium der Sekundärliteratur auf, daß die Montessori-Rezeption sich oft in der Ordnung, Reflexion und Wiedergabe ihrer Prinzipien, Gedanken und Konzepte erschöpft. Zweifellos ist diese Treue zum Werk ein unabdingbares Element in der Montessori-Rezeption; aber sie ist in meinen Augen der *erste Schritt*; als *zweiter Schritt* muß eine produktive, den Problemen, Fragestellungen und Einsichten unserer Zeit und Situation verpflichtete Reflexion hinzukommen. Wird dieser nicht getan, dann bleibt die Besinnung auf Maria Montessori in einer feierlichen, aber letztlich folgenlosen Rezitation des veröffentlichten Werks stekken. Ich meine, Montessoris eigenes Denken war in ihrer Zeit so fruchtbar, daß es ihren eigenen Grundsätzen zuwiderläuft, ihre Gedanken einfach nur als „versiegelte Pakete, die niemand öffnet", weiterzureichen. Sie selbst ging produktiv, weiterführend, widersprechend mit den Gedanken derer um, auf die sie sich bezog. Diese Freiheit und Produktivität des Denkens und Verarbeitens muß auch für die heutige Rezeption der Montessori-Pädagogik gelten!

Eine sehr einleuchtende Umsetzung fand ich bei Monika Tielkes (Tielkes, 1991). Sie führt nicht nur vor, wie Montessori selbst produktiv rezipierte, sondern zeigt auch, wie heutige Montessori-Rezeption diesen Vorgang fortsetzen kann: Sie greift die Grundgedanken Montessoris auf, reflektiert kritisch die zeitbedingten Ausformungen, modifiziert diese Gedanken; ich möchte noch einen Schritt weitergehen: An den

Grundgedanken Montessoris sind viele ihrer einzelnen Vorschläge immer wieder kritisch zu prüfen; wenn sie den Grundlinien ihrer Pädagogik widersprechen oder nicht mehr entsprechen, sind sie zu modifizieren, weiterzuführen oder u.U. anhand dieser Kriterien auch zu verwerfen.

3.2. Kritische Anmerkungen zur religiösen Erziehung bei Maria Montessori

Geht man mit diesen Überlegungen an Montessoris Konzept der (expliziten) religiösen Erziehung heran, kommen Fragen auf:

a. Ist die Kirche noch Erfahrungsraum des Glaubens?

Maria Montessori identifiziert religiöse Erziehung intensiv mit dem Einleben in die Kirche, insbesondere in die Liturgie der Messe und im Kirchenjahr. Aber kann die Kirche heute noch als der Ort wahrgenommen werden, an dem Glaube vorbildlich entfaltet, intensiv erlebt und gelebt wird?

Montessori schreibt einmal: „Als immerwährende Braut Jesu Christi ist die Kirche auch für uns eine Lehrmeisterin, eine heilige Mutter, die uns ihre erhabenen Unterweisungen gibt.“ (3, 203) Ich denke, diese Sichtweise ist heute weder durch Erfahrung noch durch theologische Reflexion gedeckt. Kirche wird von vielen Menschen eher als Institution erfahren und begriffen, die Glauben und Leben reglementiert. Damit aber steht sie der von Maria Montessori ausgerufenen Erziehung in Freiheit und zur Freiheit entgegen. Auch theologisch ist die Konzentration auf die Kirche als Ort der Gegenwart Gottes in der Welt problematisch geworden. Wir haben gelernt, den Blick auf die kommende und sich schrittweise einlösende Gottesherrschaft zu richten, in der Gott die Welt und die Menschen befreien will. Die Kirche ist nicht als solche und von vornherein Trägerin der Herrschaft Gottes in der Welt; aber sie ist an diesem Prozeß beteiligt, wenn sie den Maßstäben der Gottesherrschaft gemäß lebt und handelt.

b. Führt die religiöse Erziehung nicht in einen isolierten Binnenraum kirchlicher Frömmigkeit?

Die religiöse Erziehung im Sinne Montessoris weist in Kirche, Gottesdienst und biblische Geschichte ein. Wird damit nicht Religion in einen mehr oder weniger sakralen Binnenraum eingeschlossen? Demgegenüber haben wir heute erkannt, daß der Glaube sich im Kontext der Welt ausprägen und bewähren muß.

c. Steht die religiöse Erziehung bei Maria Montessori nicht im Widerspruch zur Idee der Freiheit?

Mit dieser Frage kommt das Urgestein der Montessori-Pädagogik in den Blick. „Hilf mir, es selbst zu tun", lautet der (fast zu Tode) zitierte Basis-Satz. Aber wie steht dazu das Konzept, Kinder so intensiv in rituelle Abläufe einzuweisen, daß es fast einer Abrichtung gleichkommt? In meiner Wahrnehmung wird dieser Eindruck der Abrichtung in Montessoris Konzept der liturgischen Erziehung vor allem durch die sehr intensiven Übungsphasen mit dem schriftlichen Material gespeist: Das Hantieren mit Abbildungen der rituellen Gegenstände, die Zuordnung der Wortkärtchen, das Befestigen der Abläufe und Begriffe lassen kaum eigene Gedanken der Kinder zu.

Eine weitere Frage: Welche eigene Aktivität des Kindes ist gefragt? Letztlich ist ja der Priester der allein Verantwortliche; die Kinder können Hilfsdienste leisten wie: Geräte zum Altar tragen, die Kirche schmücken... Welche Möglichkeiten hat das Kind, Glauben auf seine ganz eigene Weise aufzufassen und zu gestalten? (Als Minimalforderung könnte man sich vorstellen, daß es in seinem Meßbuch eigene Gebete formuliert...). Ich denke, hier steht Maria Montessori mit ihrer religiösen Erziehung sich selbst, dem grundlegenden Freiheitsansatz ihres Denkens, im Weg.

Exkurs: Die Weiterentwicklung der religiösen Montessori-Erziehung bei Sofia Cavaletti

Von den Weiterführungen der religiösen Erziehung auf der Basis der Ideen Maria Montessoris ist wohl die von

Sofia Cavaletti am bekanntesten geworden. Seit 1954 leitet sie das „Centro de Catechesi Maria Montessori" in Rom und hat ihre Sache durch zahlreiche Veröffentlichungen bekanntgemacht (Cavaletti, 1986; 1994. Auf das – gerade angekündigte – neue Buch von Sofia Cavaletti wurde ich während der Drucklegung von „Montessori für Religionspädagogen" aufmerksam. Entgegenkommenderweise machte mir der Herder-Verlag die Druckfahnen zugänglich, so daß ich Gelegenheit habe, auf ihre Grundgedanken und methodischen Ansätze hier wenigstens noch in Kürze einzugehen. Eine gründlichere Würdigung und Auseinandersetzung muß einer späteren Arbeit vorbehalten bleiben. – Eine korrekte Einordnung der Zitate ist anhand der Fahnenabzüge leider nicht möglich).

Cavalettis Thesen und Vorschläge basieren vor allem auf der Arbeit mit 3 – 6jährigen Kindern, die in der Regel einmal wöchentlich in einem kirchlichen Katechese-Zentrum zusammenkommen.

Cavaletti geht davon aus, daß in jedem Kind ein tiefes religiöses Bedürfnis liegt, das nach Erfüllung sucht. Es ist das Bedürfnis nach Geborgenheit, Liebe und Anerkennung. Wie kann die religiöse Erziehung darauf eingehen? Cavaletti notiert: „Bestimmte Bedürfnisse sind im tiefsten Inneren des Kindes vorhanden; wenn die christliche Botschaft so dargestellt wird, daß sie diese befriedigt, so wird das Kind sich die Botschaft mit einem vitalen Impuls aneignen."

Es kommt also in der Sicht Cavalettis darauf an, solche Inhalte aus dem Christentum herauszufinden, die auf dies Bedürfnis nach Geborgenheit „antworten". Fünf solcher Inhalte wählt Cavaletti für ihre religiöse Erziehung aus:

– Das Symbol des guten Hirten nach Joh 10; die Kinder erfahren, daß der Gute Hirte sie liebt, daß er für sie da ist und sogar sein Leben läßt.

– Weitere Texte aus den Evangelien konzentrieren sich auf vier Inhaltskomplexe: Geburt Jesu – Tod – Auferstehung – Gabe des Heiligen Geistes; dazu kommen noch einige Gleichnisse; der ganze Bereich der Erzählungen über die Arbeit Jesu an der Gottesherrschaft, seine Zuwendung zu den

Armen und Schwachen bleibt ausgeblendet. Es zeigt sich deutlich, daß Cavaletti den Kindern ein dogmatisches Christusbild vermittelt, das letztlich auf den Sühnetod zielt.

– Das „Ostergeheimnis"; das meint die Symbolik von Dunkelheit und Licht, die sich mit dem Guten Hirten und der Taufe verbindet;

– die Eucharistie als „Sakrament des Geschenks";

– die Gleichnisse vom Reich Gottes, insbesondere die Wachstumsgleichnisse aus Mt 13 (Senfkorn und Sauerteig); sie lösen das Staunen vor der universalen Kraft des Wachsens aus und lenken den Blick auf Gott, der diese Kraft in die Welt hineingibt.

Im Zentrum der Katechese steht bei Cavaletti – wie bei Montessori – das Atrium und die Einführung in die Messe. Denn in der Sicht Cavalettis ist die Eucharistie der Ort der Begegnung mit dem Guten Hirten. Darum kommt alles darauf an, daß die Kinder sich in die Liturgie einleben.

Das Vertrauenssymbol des Guten Hirten bildet dann auch das Fundament der Moralerziehung, die aber nach Cavaletti nicht vor dem 6. Lebensjahr einsetzen sollte. Die Kinder werden dann besonders darauf hingewiesen, daß der Gute Hirte die Schafe ruft und sie auffordert, seinem Ruf zu folgen.

Abschließend versucht Cavaletti, ihr Programm gegen das Konzept einer erfahrungsbezogenen religiösen Erziehung („Anthropologische Katechese") abzugrenzen. Sie will unmittelbar bei der Verkündigung der religiösen Inhalte ansetzen, die ihre Mitte in der Eucharistie haben. Ein erfahrungsbezogenes Vorgehen lehnt sie ab, weil dies in ihrer Sicht die religiöse Unterweisung von den alltäglichen Erfahrungen der Kinder abhängig mache: Einem Kind, das keine Liebe im Elternhaus erfahren habe, müsse die Liebe des Guten Hirten verschlossen bleiben.

Augenscheinlich hat Cavaletti hier eine etwas eingeschränkte Sicht erfahrungsbezogener Religionspädagogik vor Augen. Denn diese reflektiert ja nicht nur den Zusammenhang von vorgängiger Alltagserfahrung und Religion, sondern meint in der gegenwärtigen Diskussion viel mehr. Drei Aspekte des Erfahrungsbegriffs in der modernen religionspädagogischen Arbeit sollen besonders unterstrichen werden:

– Erfahrungsbezogener Religionsunterricht zielt auf Entdekkung der Tiefenschicht von Erfahrung, beispielsweise, daß „Wasser" nicht nur eine lebensnotwendige Flüssigkeit ist, sondern auch ganz andere Aspekte einschließt, z.B. Reinheit, Erfrischung, aber auch: Bedrohung. Diese Erschließung versucht die Symboldidaktik. Zu solchen Erschließungen der Wirklichkeit hat auch Sofia Cavaletti in ihrem Buch interessante Überlegungen angestellt (s.u.); sie bezeichnet auch ausdrücklich „das Leben" als „Quelle der Katechese" neben Bibel und Liturgie. Erstaunlicherweise blendet sie diese Überlegungen aber im Rahmen ihres Einspruchs gegen die „anthropologische Katechese" aus – augenscheinlich, weil sie nicht gut in den Zusammenhang der Argumentation gegen den Erfahrungsbezug passen.

– Erfahrungsbezogener Religionsunterricht ist weiterhin auf die intensive Einbettung religiösen Lernens in die Lebenswelt der Kinder aus. Die Kindergruppe, die Schulklasse, die Familie ... sind Erfahrungsfelder des Glaubens.

– Schließlich geht es um die erfahrungsbezogene Erschließung der biblischen Überlieferung: Biblische Geschichten sind so zu erzählen, daß die neuen, guten Erfahrungen mit Glauben und Leben, die Menschen mit Gott gemacht haben, aufscheinen und zugänglich werden. Dieser Aspekt tritt bei Cavaletti allerdings ganz zurück: Sie lehnt das Erzählen biblischer Geschichten prinzipiell ab, weil Kinder deren theologische Bedeutungen nicht verstehen könnten. Es bleibt allerdings zu fragen, warum dies Kriterium dann ausgerechnet bei den von Sofia Cavaletti gewählten Texten nicht gelten soll.

Wie ist die Bedeutung des von Sofia Cavaletti entwickelten Konzepts für die religionspädagogische Arbeit in Deutschland einzuschätzen? Außerordentlich anregend sind die Ausführungen über die Rolle des Erziehers, die Pflicht, das eigene religiöse Wachstum des Kindes ernstzunehmen und zu unterstützen. Bedeutsam ist auch die Betonung der Vertrauensbildung im frühen Kindesalter. Sehr beeindruckt haben mich ferner die Ausführungen über das Staunen: Cavaletti weist auf die kindliche Fähigkeit zum Staunen als Voraussetzung für eine intensive Wahrnehmung der Wirklichkeit und ihre religiös-symbolische Deutung hin. Diese Überlegungen führt sie dann in Richtung einer schlüssigen symboldidaktischen Reflexion weiter („Die Methode der Zeichen"). Allerdings scheint dieser Aspekt nicht voll in den Gesamtrahmen integriert, wie sich in der Auseinandersetzung um erfahrungsbezogene religiöse Erziehung zeigte (s.o.). Die genannten Punkte ihres Konzepts, die auch in der religionspädagogischen Diskussion in Deutschland lebhaft bearbeitet werden, überzeugen. Aber es sind auch grundsätzliche skeptische Anfragen angezeigt.

Die *erste Rückfrage* bezieht sich auf die unkritische Sicht der Kirche, die schon im Blick auf Maria Montessori angesprochen wurde. Die *zweite Anfrage* betrifft die Reichweite des Programms. Cavaletti schreibt: „Der Same des Wortes Gottes, den das Kind empfangen hat, braucht den ‚hortus conclusus' (geheimen Garten) des Atriums, aber auch den unterstützenden Sauerstoff der (gläubigen – Ergänzung von mir) Erwachsenen." Nicht nur bei solchen Formulierungen drängt sich der Eindruck auf, daß diese Form der religiöse Erziehung eine typische „Binnenraum-Katechese" darstellt: Sie gedeiht im abgeschlossenen Bezirk des „Centro" und ist (nur?) dort lebendig. Für unsere säkulare Welt, insbesondere für den Religionsunterricht in der Schule, wird man nach anderen Zielen und Ausprägungen religiöser Erziehung suchen müssen, die stärker darauf aus ist, Heranwachsende zu einer verantwortlichen und gelingenden christlichen Lebensgestaltung im Alltag zu befähigen. Dies sehe ich aber nicht als Zugeständnis an die veränderte Situation an, sondern gehe davon aus, daß diese Zielsetzung in der biblischen Basis des Christentums selbst angelegt ist. Damit kommt ein *drittes Bedenken* in den Blick: Verfehlt eine so ansetzende religiöse Erziehung nicht die Erfahrungsdimension der Bibel selbst? Wird Christus – trotz aller Hirten-Symbolik! – nicht zu einer dogmatisch verblaßten Kultfigur? Aber „Gott wurde Mensch" nach der Überlieferung des Neuen Testaments nicht in eine religiöse

Sonderwelt hinein, sondern in das Leben voller Schönheit und Schrecken, voller Widersprüche und Leidenschaften. *Hier* nahm das Gottesreich seinen Anfang!

Schließlich wird man auch an das Konzept von Sofia Cavaletti die gleiche Frage richten müssen wie an das Programm der religiösen Erziehung bei Maria Montessori: Sind nicht die Tendenzen zur Einpassung in vorgegebene Normen, Institutionen, Sichtweisen so stark, daß die Idee der Freiheit in Gefahr gerät?

d. Resumee

Zusammenfassend muß man sagen: Montessoris Konzept von (expliziter) religiöser Erziehung ist stark auf die spezifischen gesellschaftlichen, religiösen und kirchlichen Bedingungen der Entstehungssituation bezogen, insbesondere die Bewegungen der Liturgiereform und der Reform der Katechese aus dem Anfang unseres Jahrhunderts (s.o.). Das scheint der Grund dafür zu sein, daß die Aufnahme dieser Ansätze in der Gegenwart nicht gut gelingt. Aus meiner Sicht ist dafür nicht nur, wie Oswald mit einem gewissen Bedauern feststellt, die „fortschreitende Vermischung der Konfessionen und die Säkularisierung" verantwortlich (Oswald, 1981, 27), sondern der innere Widerspruch zu fundamentalen Sätzen der Montessori-Pädagogik. Helene Helming formuliert bündig: „Gerade die religiöse Erziehung verlangt den Raum der Freiheit!" (Helming, 1992, 160)

Nun könnte man sich mit diesem Befund zufriedengeben und – bedauernd – feststellen, daß die religiöse Erziehung zu den Teilen der Montessori-Pädagogik gehört, die heute nicht mehr aktuell sind. Ich bin aber überzeugt, daß vor allem die implizite, aber auch die explizite religiöse Erziehung bei Montessori soviel wichtige Impulse für die Gegenwart enthält, daß wir es uns überhaupt nicht leisten können, sie liegen zu lassen. Allerdings ist eine kritische Auseinandersetzung unumgänglich – es ist gleichsam *mit* Montessori *gegen* Montessori zu argumentieren und eine Neu-Vermessung zu versuchen. Das will der Titel dieses Kapitel zum Ausdruck bringen: „Hilf mir, selbst zu glauben".

Darum stellt sich aus meiner Sicht die Aufgabe, die religiösen Grundgedanken Maria Montessoris neu zu explizieren und sie durch eine theologisch-religionspädagogische Interpretation allgemeiner Grundsätze der Montessori-Pädagogik weiterzuführen. Allerdings kann es nicht ausreichen, einfach Konvergenzen zwischen Montessori-Prinzipien und theologischen Aussagen festzustellen; Aufgabe der weiteren Untersuchung ist es, zu ermitteln, welche Impulse vom Denken Maria Montessoris für heutige Theologie und Religionspädagogik ausgehen; es soll an solchen „Schnittstellen" zu einem kritisch-produktiven Gespräch zwischen Montessori-Pädagogik und heutiger Religionspädagogik kommen.

Ich will so vorgehen, daß ich 4 solcher „Schnittstellen" aufsuche, das genannte Gespräch skizziere und praktische Konsequenzen für die religiöse Erziehung und Religionspädagogik benenne. Dabei gehe ich jeweils in drei Schritten vor:

- Aspekte der Montessori-Pädagogik (dabei werde ich größtenteils Gedanken, die schon in Kapitel 1 und 2 dargestellt wurden, noch einmal aufgreifen);
- theologische Interpretation und Weiterführung;
- Konsequenzen für die Praxis der religiösen Erziehung.

4. Religiöse Erziehung im Gespräch zwischen Montessori-Pädagogik und Theologie/Religionspädagogik

4.1. Religiöse Anthropologie

a. Maria Montessori: Das Kind ist Abbild Gottes

Die Idee, daß Kinder Abbilder Gottes sind, daß sich Gott selbst in den Kindern zu erkennen gibt, durchzieht wie ein Leitmotiv das anthropologische Denken Maria Montessoris: „Wenn wir Christus und den Vater im Kind sehen, so wird unsere Ehrfurcht gegenüber den Kleinen tief und heilig sein." (3, 244) „Ehrfurcht vor dem Kind" – das bedeutet bei Montessori: Achtung vor der Person, die sich jeder Verfügbarkeit entzieht. Diesen Basis-Satz ihrer Pädagogik bringt sie immer wieder in religiösen Kategorien zur Sprache. Im Zusammenhang einer Betrachtung über die besondere Würde, die das Kind durch die Taufe erhält, schreibt sie: „Wer so das Kind betrachtet, wird vor Ehrfurcht zittern, denn er sieht in ihm Gott. Er wird im Kind nicht den von Menschen geschaffenen Besitz sehen, mit dem er machen kann, was er will. Er wird vielmehr lebhaft fühlen, daß das Kind viel mehr Gott als ihm selbst gehört ..." (3, 234) Diese Sätze drücken *einerseits* aus, daß Montessori das Schicksal des Kindes mit dem des Messias Jesus identifiziert: Es leidet mit ihm und ersteht mit ihm auf zu einem nicht auslöschbaren Leben. (So vor allem im leidenschaftlichen Schluß ihres Buches: Kinder sind anders: 8, 220f)

Der Hinweis auf das Göttliche im Kind schließt aber noch *einen anderen Aspekt* ein: Er deutet auf die vitale Kraft und die psychischen Gesetzmäßigkeiten hin, die das Kind auf dem Weg zur Selbstwerdung leiten: „Wir dürfen nicht nur das Kind sehen, sondern Gott in ihm. Wir müssen die Gesetze der Schöpfung in ihm achten. Wir dürfen nicht denken, wir könnten das Kind machen; wenn wir das tun, verderben wir das göttliche Werk." (7, 18). Hier ist „Gott im Kind" Chiffre für den „inneren Bauplan". (vgl. Kapitel 2, 26f)

Ein *letzter Gedanke* in diesem Zusammenhang ist der Hinweis auf die schöpfungsgemäße Bestimmung des Menschen (s.o. Kapitel 2, S. 41f). Maria Montessori sagte 1945 in einem in Indien gehaltenen Vortrag: „Es ist evident, daß die kosmische Theorie auch den Menschen zu den wirkenden Kräften der Schöpfung rechnet." (13, 21) Daraus erwächst seine „kosmische Mission" der Erhaltung der Schöpfung und vor allem des Lebens in universalem Frieden. Der Weg dazu ist ein „universaler Lehrplan" (26), der die Menschheit aus einer geheilten Kindheit heraus erneuert (vgl. dazu Kapitel 2, 30).

b. Der biblisch-theologische Ansatz: Der Mensch ist Ebenbild Gottes

Die biblische Rede von der Gottesebenbildlichkeit des Menschen hat ihren Ort in der Schöpfungstheologie: „Und Gott schuf den Menschen nach seinem Bild, nach dem Bild Gottes schuf er ihn; als Mann und Frau schuf er sie." (Gen 1,27)

Diese Aussage enthält fünf zentrale Aspekte der biblischen Anthropologie:

– „Gottesebenbildlichkeit" meint nicht irgendwelche äußeren Merkmale des Menschen, sondern drückt aus, daß der Mensch in seinen Wesenszügen Gott entspricht. Hier ist vor allem an die *Gerechtigkeit, Liebe und Treue* Gottes zu denken.

– „Gottesebenbildlichkeit" bedeutet weiterhin, daß der Mensch seine Würde darin hat, daß er – im Unterschied zur übrigen Schöpfung – in einem besonderen, unmittelbaren Gottesverhältnis steht: Er allein ist *Person,* die angesprochen wird. Dies Gottesverhältnis ist der Grund für das *Vertrauen,* in dem die Menschen leben können. Dies Urvertrauen durchzieht als Grundhaltung des Menschen das ganze Alte und Neue Testament.

– Der Mensch ist als Person mit Leib und Seele geschaffen; die Bibel kennt keine Bewertungen einzelner Dimensionen der Person, etwa, daß dem Geist ein höherer Rang zugewiesen wird als dem Körper; sie vertritt ein *ganzheitliches Menschenbild*. Der Glaube drückt sich gerade im Alten Testament oft sehr handfest aus: Nicht so sehr im Bekenntnis und Lehrsatz, sondern im Tanz, im Fest, in Gebärden, in Gesang, im Bild und Symbol.

– Der Mensch ist ein *„dialogisches Wesen"*; er findet zu seiner Identität in der Kommunität; das ist wohl der Sinn der Aussage, daß der Mensch „als Mann und Frau" geschaffen sei.

– Der Mensch ist Gott sehr nahe – „du hast ihn wenig geringer gemacht als Gott" heißt es in Psalm 8. – Aber für die Bibel steht ebenso eindeutig fest, daß der Mensch Geschöpf ist. Sehr bildhaft bringt der ältere Schöpfungstext dies in Gen 2 zur Sprache, wenn er erzählt, daß der Mensch (adam) aus Erde (adama) gefertigt sei. Die *Spannung von Würde und Geschöpflichkeit* des Menschen weist ihm seinen Ort in der Schöpfung an: Im Auftrag des Schöpfers ist er Gestalter der Welt – aber seine „Bodennähe" durchkreuzt alle Allmachtsphantasien und Herrenmenschen-Ansprüche als lächerliche Anmaßung.

c. Konsequenzen für die religiöse Erziehung

Wird die Rede von der Gottesebenbildlichkeit ernstgenommen, ist das Kind in jeder Phase seiner Entwicklung als ganzer, vollgültiger Mensch zu respektieren. Sechs Konsequenzen zeichnen sich ab:

(1) Den „inneren Bauplan" respektieren

Jede Form von Erziehung ist ausgeschlossen, die das Kind zum Objekt vorgegebener Ziele macht, es „nach dem Bild" der Eltern, Erzieher, Lehrer, bestimmter gesellschaftlicher Gruppen formen will. Maria Montessoris Grundsatz: „Das Kind ist Baumeister seiner selbst gemäß dem inneren Bauplan" steht in engster Korrespondenz zur biblischen Anthropologie der Gottesebenbildlichkeit.

Die daraus resultierende Konsequenz läßt sich am besten mit Montessoris Differenzierung von Zentrum und Peripherie charakterisieren (vgl. die Hinweise in Kapitel 2, S. 53f). Im Blick auf das religiöse Lernen gilt es noch entschiedener zu akzeptieren, daß das „Zentrum", der Ort des Glaubens, allein das Geheimnis des Kindes bleiben muß; jeder Versuch eines unmittelbaren Zugriffs ist ausgeschlossen. (Die Bedeutung dieses Aspekts der Montessori-Pädagogik für die religiöse Erziehung hat besonders Hubertus Halbfas unterstrichen: Halbfas, 1982, 194f). Auch im Religionsunterricht bleibt demnach das Lernangebot auf die „Peripherie" begrenzt. – Was bedeutet das für die Praxis? Sicher nicht die Begrenzung des Lernens auf die kognitive Dimension, aber die Konzentration auf das Angebot solcher Inhalte, Handlungen und Materialien, die geeignet sind, die eigenständige Aufnahme und Auseinandersetzung anzuregen und dabei jeden Zugriff auf den Bereich des kindlichen Glaubens sorgsam zu vermeiden.

In der Montessori-Pädagogik hat der Grundsatz der Orientierung am inneren Bauplan des Kindes auch eine Neudefinition der Rolle des Erziehers zur Folge: Nicht länger anordnen, zurechtweisen, kontrollieren ist sein Beruf, sondern seine Arbeit ist: begleiten, helfen, beraten. Wieviel mehr muß diese „Umkehr" für die religiöse Erziehung gelten! Es ist auch nicht die Aufgabe des Erziehers oder Lehrers, Kinder irgendwo „abzuholen" oder „hinzubringen", sondern er ist „Diener" am inneren Wachstum des Kindes: „Die Hauptsache für den Lehrer darf nicht sein, in das Geheimnis des Kindes einzudringen, sondern ihm Freiheit zu geben, damit es sich zu einem freien Menschen entwickeln kann." (44)

(2) Am Aufbau von Vertrauen mitarbeiten
Eine fundamentale Aufgabe der religiösen Erziehung ist es, Kindern die Erfahrung von Urvertrauen zu ermöglichen. Die Grundlegung dazu muß in der frühen Kindheit erfolgen; später kann nur noch versucht werden, darauf aufzubauen, das Vertrauen emotional und gedanklich zu vertiefen – vielleicht auch, an Vertrauensdefiziten zu arbeiten.

Die Notwendigkeit der Vertrauensbildung ist auch in der Montessori-Pädagogik erkannt und praktiziert worden. Ich erinnere noch einmal an den Versuch Maria Montessoris, im Kind Vertrauen in die Führung Gottes durch das religiöse Symbol des Schutzengels wachsen zu lassen. Sofia Cavaletti, die die Arbeit Montessoris auf diesem Gebiet weiterführt, hat für ihr Konzept als zentrales Symbol die biblische Gestalt des Guten Hirten gewählt. Dazu benutzt sie als Bibeltexte: Psalm 23; Lk 15 (Das verlorene Schaf) und vor allem Joh 10. Offenbar ist sie hier auf ein beinahe archetypisches Symbol gestoßen, das Kindern Vertrauen und Sicherheit gibt. Es steht in der Sicht der Kinder interessanterweise nicht nur für religiöse Inhalte, sondern – wie Cavaletti mitteilt – für Personen, von denen die Kinder Liebe und Zuwendung erfahren, z.B. die Mutter, den Vater, die Geschwister.

Problematisch finde ich in diesem Zusammenhang aber, daß vor allem der Text Joh 10 benutzt wird, um wieder die Verbindungslinie zur liturgischen Erziehung, insbesondere zur Eucharistie, zu knüpfen. Hier wird die elementare Symbolik für Geborgenheit und Zuwendung dogmatisch und liturgisch in Anspruch genommen – von geradezu bizarren Details des Materials einmal ganz zu schweigen (z.B. taucht plötzlich ein Altar auf der „grünen Aue" auf und der Hirt verwandelt sich in einen Priester).

(3) Hilfe zum Aufbau von Ich-Stärke geben

Kinder brauchen nicht nur ein Gegenüber, dem sie vertrauen können; sie haben auch Anspruch auf unbegrenztes Vertrauen in die Fähigkeiten, die ihnen gegeben sind, auch wenn sie diese in einer bestimmten Lebensphase oder Situation noch nicht einlösen können. Dies ist die Voraussetzung dafür, daß ein Kind sich selbst annehmen kann. Erziehung als helfende Begleitung kann sich kein anderes Ziel setzen, als dem Kind behilflich zu sein, seine Ich-Stärke zu entdecken, zu entwikkeln und auszuleben. Generell könnte man formulieren: Die Montessori-Pädagogik mit ihrem Grundziel „Erziehung zur Ich-Stärke" ist im ganzen eine religiöse (christliche) Erziehung; denn die christlich-biblische Anthropologie hat nicht den gehorsamen Untertan im Auge, sondern den mündigen Menschen, dessen Würde sich in biblischer Sicht aus seiner Gottebenbildlichkeit begründet.

An diesem Punkt wird für viele ein kritisches Nachdenken und auch Umdenken nötig sein. Ein Beispiel: In vielen Kindergärten wird immer noch das Lied gesungen:

Paß auf, kleine Hand, was du tust!
denn der Vater im Himmel sieht alles was du tust...

So geht es mehrere Strophen lang. Was geschieht in diesem Liedtext? Kinder werden zur lebenslangen Angst und infantilen Abhängigkeit gegenüber einem Monster von Gott abgerichtet. – Ich-Schwäche und Unterwürfigkeit werden programmiert. Hier gilt es sensibel zu werden!

(4) Hilfen zur Wahrnehmung der eigenen Person anbieten

Bereits im Zusammenhang der Darstellung der Sensibilitäten der verschiedenen Altersstufen war die Frage aufgetaucht, ob nicht das Leben in unserer hektischen, lauten und künstlichen Welt Heranwachsende gegenüber ihren eigenen Sensibilitäten und Bedürfnissen stumpf macht (s.o. Kapitel 2, 37).

Diese Überlegung verschärft sich deutlich im Blick auf die religiöse Erziehung: Wer ständig durch hektische Fremdreize für kurze Zeit stimuliert wird, kann kaum noch bei sich selbst sein. Wie soll ihn dann Religion ansprechen, die zum

Nachdenken über sich selbst und Gott, über Leben und Glauben einladen will? Es wird also darauf ankommen, Heranwachsende überhaupt erst einmal zur deutlicheren Wahrnehmung der eigenen Person zu stimulieren und anzuleiten. Die Montessori-Pädagogik bietet hierfür sehr gute Chancen:
– Die Sinneserziehung sensibilisiert für die aufmerksame Wahrnehmung der Außenwelt und kann das stumpfe, empfindungs- und gedankenlose Dahinleben aufbrechen; Maria Montessori hat für eine solche Fähigkeit der aufmerksamen, in die Tiefe sehenden Wahrnehmung den einprägsamen Begriff „Schaukraft der Liebe" gefunden: Sie nimmt auch das scheinbar Belanglose, Unwichtige, Wertlose mit Interesse und Zuneigung auf. (8, 108ff)
– Die Übungen der Stille fördern die Selbstwahrnehmung und leiten zur Konzentration auf die eigene Mitte an.

Diese beiden Aspekte werden in Kapitel 4 und 5 entfaltet.

(5) Ganzheitliches Lernen anregen

In diesem Zusammenhang ist schließlich auch die ganzheitliche Arbeit zu bedenken. Von Maria Montessori ist hier nur zu lernen. Dabei denke ich nicht einmal an die methodischen Handgriffe ganzheitlichen, kreativen und handlungsorientierten Lernens; die meisten Lehrer sind darin durchaus geübt. Defizite sind eher in der didaktischen Begründung dieser Erfahrungs- und Lernformen zu erkennen: Eine einseitig kognitive Ausbildung hat – jedenfalls die Lehrer – auf „verkopfte" Lernprozesse festgelegt: Erst, was als „Ergebnis gesichert" und als Satz abrufbar ist, gilt als „gelernt". Demgegenüber ist von der Montessori-Pädagogik zu lernen, daß erfolgreich und dauerhaft erst mit allen Sinnen gelernt wird (dabei ist es bedauerlich, daß auch in Montessori-Schulen das sinnlich-ganzheitliche, handlungsorientierte Lernen mit zunehmender Klassenstufe immer mehr von der Abstraktion verdrängt wird).

Unter dieser Rücksicht ist noch einmal die Konzentration auf die Liturgie in der expliziten religiösen Erziehung bei Maria Montessori anzusprechen. Der Aspekt des ganzheitliches Handelns überzeugt durchaus, aber die Fixierung auf den starren Ablauf der Messe, in dem die Kinder kaum produktive und kreative Kräfte entfalten können, bleibt überaus problematisch. Vielleicht kann man den Grundgedanken in der Form aufgreifen, daß Kinder eigene Begehungen und Rituale erfinden und feiern.

Zwei Beispiele: In einer 2. Klasse wurde der 23. Psalm inszeniert. Der Raum wurde als „grüne Aue" (Zweige, Blumen) bzw. als „finsteres Tal" (hochgetürmte Stühle, darüber gehängte Decken) ausgestaltet. Eine Gruppe von Kindern ging zur Lesung des Psalms ruhig durch diese „Landschaft", andere begleiteten sie durch passende, selbst gefundene Musik. – In einer 8. Klasse kam es zur Inszenierung des Wallfahrtsliedes Ps 24, 3-5. Ein Teil der Klasse stellte die zum Zion hinaufziehenden Pilger dar, die fragten: „Wer darf hinaufgehen zum Berg Jahwes?" Die anderen Schüler antworteten als „Priester": „Wer unschuldige Hände hat ..." Es kam zu einer sehr lebhaften Auseinandersetzung: Wer fragt heute so? Wer setzt die Normen? Wer kann überhaupt „Antworten" geben? Nur der, der selbst „reines Herzens" ist? – Auf ähnliche Weise könnten viele Psalmen feiernd in Szene gesetzt werden, eine Methode, die sicher der Sprache und Intention dieser Texte besonders gut entspricht.

Auch *Symbolhandlungen* bieten sich an: Beispiele: Ein Netz knüpfen und im Kreis ausspannen als Ausdruck der Verbundenheit und Bereitschaft zur gegenseitigen Hilfe. – Auf einen Zettel schreiben, was das Leben belastet und wovon man frei werden möchte. Die Zettel werden verbrannt. – Nach einer Baum-Meditation kleine Ast-Scheiben verteilen, auf die man schreibt, was man einem anderen Gutes sagen möchte. Die Scheiben werden untereinander ausgetauscht. – Nach einem Unterricht über Mt 13, 31f Senfsamen in bemalte Joghurt-Becher pflanzen und verschenken. Die Verbindung mit Aufgaben und Themen der religiösen Erziehung liegt auf der Hand.

(6) Bereitschaft zum Erkennen des eigenen Ortes in der Schöpfung wecken

Religiöse Erziehung muß die Bereitschaft und Fähigkeit wekken, den eigenen Platz in der Schöpfung zu erkennen und anzunehmen. Dieser Bereich wird in der Montessori-Pädagogik als kosmische Erziehung bezeichnet. Nicht selten wird er in der Praxis auf die Beschäftigung mit der Erdgeschichte oder anderen interessanten Phänomen eingegrenzt; damit wird aber der Ansatz Montessoris verkürzt, die eben gerade lehren wollte, die sinnvolle Ordnung der Welt wahrzunehmen, in der auch der Mensch seine spezifische Funktion hat. Das soll zur geschöpflichen Bescheidenheit führen, aber auch zur Übernahme von Verantwortung für die Lebensqualität anleiten.

Hier treffen sich Impulse der Montessori-Pädagogik mit Aufgabenstellungen und Themen der neueren Religionspädagogik, die seit einigen Jahren intensiv an der Schöpfungsthematik unter ökologischem Aspekt arbeitet.

4.2. Freiheit und Bindung

a. Maria Montessori: Erziehung in Freiheit zur Freiheit

Hier ist noch einmal auf den Basis-Satz der Montessori-Pädagogik zurückzugreifen: Dem Kind ist Freiheit gegeben; die Aufgabe der Erziehung ist es, ihm zur Wahrnehmung, Erfahrung und Einlösung dieser Freiheit zu helfen (s.o. Kapitel 2, 63ff). Sie schreibt: „Die Freiheit ist dann erlangt, wenn das Kind sich seinen inneren Gesetzen nach, den Bedürfnissen seiner Entwicklung entsprechend, entfalten kann." (6, 23) Die Hilfe, die der Erwachsene beim Prozeß der Befreiung geben kann (und muß!), ist eine doppelte:

– Er muß die gewohnte Rolle des Be-Lehrers aufgeben und die des Beraters und Begleiters auf dem Weg zur Selbstbestimmung finden;
– er muß eine „vorbereitete Umgebung" bereitstellen, die den Heranwachsenden die Möglichkeit gibt, in Freiheit zu lernen.

Welche Rolle spielen diese Grundsätze nun in der religiösen Erziehung bei Maria Montessori? Einerseits regt sie mit großer Unbefangenheit dazu an, Kinder gerade in der Phase des absorbierenden Geistes (0 – 6 Jahre) die religiöse Umgebung und Lebenswelt der Eltern durch Miterleben in sich aufnehmen zu lassen (vgl. z.B. 15, 131ff) – eine Sichtweise, die heute recht problematisch ist, nicht nur, weil eine so enge kirchliche Einwurzelung bei den Eltern kaum noch vorhanden ist, sondern vor allem auch, weil die Kirche nicht mehr ungebrochen als Erfahrungsraum des Glaubens wahrzunehmen ist (s.o. S. 84). Andererseits fordert sie immer wieder dazu auf, religiöse Erziehung mit größter Verantwortung und Vorsicht durchzuführen, damit es im Kind nicht zu Verletzungen kommt (z.B. 15, 135ff).

Hier zeigen sich die gleichen Widersprüche wie in der ganzen religiösen Erziehung bei Maria Montessori – eine Anregung, diese von Montessori selbst gelegte Spur zu verlassen und aus ihren Grundgedanken der Freiheitserziehung eigene Schlußfolgerungen zu ziehen.

b. Der biblisch-theologische Ansatz: Der befreiende Gott

Die Befreiung des Menschen ist das Generalthema der gesamten biblischen Überlieferung. Die Ur-Kunde dieses Themas ist die Exodus-Tradition, die von der Befreiung Israels aus der ägyptischen Sklaverei erzählt. Sie bestimmt durchgehend die Ausgestaltung des Alten Testaments: Immer wieder greifen Erzähler, Psalmisten und Propheten auf den *Exodus* zurück. Dabei ist eine doppelte Funktion erkennbar:

– Einerseits bietet die Erinnerung Anlaß zur Ermutigung und Hoffnung: Israel vertraut darauf, daß Jahwe, der befreiende Gott, sie nicht im Stich lassen wird (z.B. Jes 52,11f);
– auf der anderen Seite wird klargemacht: Die Freiheit gilt allen; wo sie egoistisch von einzelnen oder gesellschaftlichen Gruppen in Anspruch genommen wird, erlischt sie, ja, verkehrt sich ins Gegenteil (z.B. Ex 22, 21f).

Befreiung ist auch das Thema des Neuen Testaments: „Der Herr ... hat mich gesandt, den Armen frohe Botschaft zu bringen, den Gefangenen Befreiung zu verkünden ...", läßt der Evangelist Lukas Jesus programmatisch am Anfang seines Wirkens ausrufen (Lk 4,18). Seine ganze Praxis ist nichts anderes als (Er-)Lösung von Menschen aus den Fesseln von Krankheit, Unterdrückung und Obsessionen.

Und der Apostel Paulus faßt die Bedeutung des Christusgeschehens in dem Satz zusammen: „Zur Freiheit hat uns Christus befreit." (Gal 5,1) Das hat Konsequenzen: „Ihr habt nicht einen Geist empfangen, der euch zu Sklaven macht, so daß ihr euch immer noch fürchten müßt, sondern ihr habt den Geist empfangen, der euch zu Söhnen (und Töchtern!) macht", sagt Paulus zur Gemeinde in Rom (Röm 8,15) – eine Herausforderung zu einem mündigen, selbstbestimmten Leben.

Aber er kennt auch die Tendenz, der scharfen Klarheit selbstbestimmten Lebens in den Mief enger Gesetzlichkeit zu entkommen, der Anstrengung, selbst zu leben und zu glauben, durch dogmatische und moralische Gängelung sich zu entziehen. Also fährt er in der zitierten Stelle aus dem Galaterbrief fort: „Darum steht fest und laßt euch nicht wieder in ein Joch der Sklaverei einspannen!" (Gal 5,1)

c. Konsequenzen für die religiöse Erziehung

Die Konsequenzen für die religiöse Erziehung sind zunächst noch einmal als Kritik an der religiösen Erziehung bei Maria Montessori zu formulieren. Ein so entschlossen auf die Befreiung des Kindes von Bevormundung und Zwängen ausgerichtetes Konzept wie die Montessori-Pädagogik widerspricht sich selbst, wenn sie das Ziel der Eingewöhnung in die Kirche, der Eingliederung in eine Institution verfolgt. Letztlich muß hier – in Abwandlung des von Maria Montessori formulierten berühmten Ausspruchs eines Kindes – gelten: „Hilf mir, selbst zu glauben."

Als positive Konsequenz formuliere ich: Auch im Feld der religiösen Erziehung ist als Grundsatz ernstzunehmen, daß Erziehung die Anlagen und Bedürfnisse des Kindes so begleitet und fördert, daß es zu seinem eigenen Glauben kommen kann.

Wie löst sich diese Basis in der Erziehungs- und Unterrichtspraxis ein?

(1) Freie Arbeit in der religiösen Erziehung

Im Vorgriff aus die Ausführungen in Kapitel 4 will ich nur wenige Andeutungen notieren.

– Einmal: Freiarbeit ist keine Unterrichtsmethode, sondern eine Weise des Lernens, die Kindern die Verwirklichung ihrer Lebensmöglichkeiten eröffnet. Sie müssen über ihren Lernprozeß grundsätzlich selbst bestimmen und wählen können, was sie lernen wollen, mit wem sie lernen wollen, wann und wie lange sie lernen wollen. Diese Forderung basiert auf der anthropologischen Grundthese Maria Montessoris, daß das Kind Schöpfer seiner selbst ist. Dies Lernen in Freiheit ist im Rahmen des heutigen Erziehungs- und Bildungssystems nur teilweise und gebrochen einzulösen; aber es bildet die Basis und gibt die Richtung an, in die heute etablierte Lernsituationen zu verändern sind.
– Lernen in Freiheit bezieht sich aber nicht nur auf den Lernprozeß, sondern auch auf die Erschließung der Lerninhalte: Bei Montessori erfährt das Kind einen Zugewinn an Selbstbestimmung dadurch, daß es nicht Inhalte, sondern Strukturen erlernt. Das ist auch in die Anlage und Durchführung der Freiarbeit im Religionsunterricht umzusetzen.

(2) Eigene Gestaltung religiöser Vorstellungen
Gegenüber allen Versuchen, religiöse Erziehung auf die Vermittlung der „unverkürzten Lehre" der Kirchen festzulegen, ist nachdrücklich darauf hinzuweisen, daß das Kind seinen eigenen Weg zum Glauben und seiner Gestaltung finden muß. Das bezieht sich einmal darauf, daß im Rahmen der Glaubensentwicklung entsprechende Wege der Vermittlung zu wählen sind. Aber die Freiheit des Glaubens bedeutet auch, daß Kinder, Jugendliche und Erwachsene ihre ganz eigene Sicht und ihre Weise des Auslebens finden und gestalten müssen. Diesen Aspekt führe ich unter dem Stichwort „Wachsen" in einem der nächsten Abschnitte noch etwas aus.

4.3. Der Ansatz beim Kind

a. Maria Montessori: Das Kind ist der Lehrmeister der Religion

Immer wieder betont Maria Montessori, daß das Kind selbst den Erwachsenen den Weg vorzeichnet, der zur Entfaltung der Religion zu gehen ist. Hierbei bezieht sie sich sehr nachdrücklich und ausführlich auf Jesus selbst, seine Aussagen über die Kinder, die Vorbilder der Erwachsenen sind. (3, 236ff) Kinder zeigen den Erwachsenen, wie man zum Glauben kommen kann – sie zeigen aber auch, wie der Erzieher ihnen auf dem Weg zum Glauben behilflich sein kann, vor allem, indem er die Gesetze erkundet, die Gott selbst in die Kinder hineingelegt hat: „Auch gegenüber Gott muß das Kind Kind sein." (3, 237)

Verdeutlichend notiert Maria Montessori: „Die Einsicht, daß das Kind sowohl in seiner Natur wie in seiner Übernatur mehr als alle anderen die wahre Schöpfung Gottes bewahrt hat, wird uns diese Ehrfucht erleichtern. Daher wollen wir das Kind achten, das in seiner Natur wie in seinem übernatürlichen Wesen noch unberührter die göttliche Schöpfung offenbart." (3,241)

b. Der biblisch-theologische Ansatz: Kinder sind Repräsentanten der Gottesherrschaft

Jesus selbst hat die Kinder als Repräsentanten der Gottesherrschaft bezeichnet. (Mt 19,14) Das bedeutet, daß alle „nach der Weise der Kinder" der Gottesherrschaft nahekommen – oder überhaupt keinen Zugang finden. (Mk 10, 15f) Das spielt sicher nicht auf die vorgebliche „Reinheit" oder „Unschuld" der Kinder an, sondern meint vielmehr, daß Kinder offen sind, voller Vertrauen und Hoffnung auf die Zukunft. Dies faßt Jesus in mehreren Gleichnissen im Symbol des Wachstums. (vgl. Mt 13) Da ist zuerst das Gleichnis vom viererlei Acker. (Mt 13,1-9) Es besagt, daß die ausgesäte Saat unterschiedlich gut gedeiht; aber daß soviel da ist, daß es eine reiche Ernte gibt. – Im Gleichnis vom Unkraut unter dem Weizen (Mt 13, 24-30) legt Jesus dar, daß es unserer Kenntnis und Verfügung entzogen ist, ob etwas, was wächst, „Kraut" oder „Unkraut" ist, geeignet oder nicht, gut oder schlecht. – Das Gleichnis vom Senfkorn (Mt 13, 31-32) erklärt, daß gerade aus dem Unscheinbaren, Geringgeschätzten, Übersehenen etwas Großes wachsen kann, fruchtbar und schön. – Und schließlich spricht Jesus vom Wachsen, indem er im Gleichnis die Aufmerksamkeit darauf lenkt, daß Pflanzen von selbst wachsen, ohne daß der Mensch den Vorgang entscheidend beeinflussen oder darüber verfügen kann. (Mk 4, 26-29) Diese Gleichnisse sind starke Texte, die Kindern und denen, die mit ihnen zu tun haben, Mut machen.

c. Konsequenzen für die religiöse Erziehung

Das Kind ist als heran-wachsender Mensch zu begreifen und zu akzeptieren. Das bedeutet nicht nur, wie schon gesagt, Eingehen auf die spezifischen Formen religiöser Erfahrung in den Wachstumsstufen des Glaubens, sondern auch:

– Akzeptieren, daß die Äußerung des Glaubens in jeder Stufe seine eigene Würde und sein Gesicht hat – und nicht als „unvollständig" oder „vorläufig" anzusehen ist;

– Ernstnehmen des Wachsens als Chance; das Kind lebt vor, daß auch für „Erwachsene" das Wachsen im Leben und Glauben lebens-notwendig ist.

Fünf praktische Konsequenzen sehe ich:

(1) Die „Honoratiorenrobe" auch im religiösen Lernprozeß ablegen

Schon im Blick auf die allgemeine Erziehung gilt in der Montessori-Pädagogik die Forderung: Der Lehrer hat die „Honoratiorenrobe" der Besserwisserei und vermeintlichen Unfehlbarkeit abzulegen. – Um wieviel mehr muß das für die religiöse Erziehung gelten; denn im Glauben gibt es keine „Großen" und „Kleinen", keine „Fertigen" und „Unfertigen", sondern nur Lernende und Wachsende.

Die Auffassung der religiösen Erziehung als Wachstumsprozeß bietet die Chance, daß die Lerngruppe (Lehrer eingeschlossen!) sich als Gemeinschaft Heran-wachsender begreift. Dieser Vorschlag kann die oft festgelegten Rollen verändern: Der Erzieher oder Lehrer ist nicht mehr der Experte, der alle Antworten schon weiß, sondern er ist eher der Vor-Frager der Gruppe; jede Frage ist gleich wichtig und wird ernstgenommen. Natürlich geht es für den Erzieher bzw. Lehrer nicht darum, den Dummen zu spielen; aber er könnte differenzieren lernen: Bei Informationsfragen wird er nach wie vor der sachverständige Informant sein, der für Auskünfte, Beratungen und Anleitungen zur Verfügung steht. Bei existentiellen Problemen könnte er mit den Schülern gemeinsam immer wieder „von Anfang an" fragen und nach Wachtumschancen suchen – gewiß auch für ihn selbst eine verlockende Aussicht.

(2) Den Glauben gemäß den individuellen Bedingungen des Kindes zeigen

Religiöse Erziehung muß bedacht sein, dem Kind seiner Wachstumsstufe gemäß, aber auch seiner individuellen Reifung entsprechend Möglichkeiten des Glaubens vor Augen zu stellen. Angebote etwa im Material zur freien Arbeit, zu Stilleübungen, zur Meditation sollten ein breites Spektrum an Erfahrungen, sprachlichem Ausdruck, Perspektiven und Gestaltungen umgreifen.

(3) Die Unverfügbarkeit des Wachsens ernstnehmen

Zum Recht auf Wachstum gehört auch, daß es sich letztlich der Planbarkeit und Verfügbarkeit entzieht. Das schließt ein, daß es anders verläuft, als gedacht; beispielsweise, indem ein Kind sich dem Angebot religiösen Lernens entzieht, ganz eigene, in unseren Augen vielleicht absonderliche oder absurde Ideen verfolgt ...

Das Vertrauen auf das eigene Wachsen des Glaubens (die selbstwachsende Saat!) sollte dem Lehrer die notwendige Gelassenheit und Geduld eröffnen – vielleicht auch gegenüber Stockungen und Trockenphasen im Blick auf die eigene Erkenntnis und den eigenen Glauben.

(4) Wachsen als Geschenk Gottes kenntlich machen

Kindern sollte das Wachsen als etwas Wichtiges, Gottgewolltes aufgezeigt werden. Dies Ziel kann beispielsweise eine eindringliche, ganzheitliche Beschäftigung mit den Wachstumsgleichnissen anregen. Das versucht mit besonderer Intensität Sofia Cavaletti. Sie nennt sie „Gleichnisse vom Geheimnis des Lebens", die den Kindern die Wachstumskraft bewußt machen, die in ihnen steckt und ihnen gleichzeitig vermitteln, daß diese Kraft Geschenk ist. (Cavaletti, 1986, 10f)

(5) Dem Kind sein Wachstum bewußt machen

Jedes Kind muß die Möglichkeit haben, sein eigenes Wachstum bewußt wahrzunehmen:

Beispiele:

- Der Erzieher/Lehrer sollte immer wieder einmal die Gelegenheit nutzen, im Einzelgespräch dem Kind zu zeigen, wo es weitergekommen ist; dies setzt wieder die neue Perspektive voraus: Er ist nicht der, der Fehler, Defizite und Versagen zu registrieren und zu bewerten hat, sondern der helfende Begleiter, der Mut zum Wachstum macht.
- Die Notengebung sollte eine neue Ausrichtung bekommen, indem beispielsweise nicht „Fehler" markiert werden, sondern gelungene Darstellungen.
- Der Erzieher/Lehrer könnte dem Kind helfen, erkannte Schwächen, Fehler usw. als Impulse zum Wachsen aufzugreifen („Mein Freund, der Fehler", s.o. Kapitel 2, S. 55f).

4.4. Die Liebe als Basis und Ziel der religiösen Erziehung

a. Maria Montessori: Von allen Dingen ist die Liebe das Wichtigste

Vor allem in ihren späten Schriften hat Maria Montessori die Liebe als Basis des menschlichen Zusammenlebens und als vornehmstes Ziel der Erziehung bestimmt. In ihrem in Indien geschriebenen Buch „Das kreative Kind" (Erstausgabe Madras, 1949) heißt es: „Von allen Dingen ist die Liebe das Wichtigste ... Sie ist die größte Kraft, über die der Mensch verfügt ... Das Studium der Liebe und ihrer Anwendung führt uns zur Quelle, aus der sie entspringt: das Kind." (11, 266f) Vor und über allen Überlegungen zur Entwicklung zweckgerichteter Verfahren für die Förderung selbstbestimmten Lernens steht der Satz Maria Montessoris: „Ich sagte, daß die Technik dieser Methode eine Technik der Liebe war." (Mitschrift aus einem Kurs, Barcelona 1933, mitgeteilt in der Einleitung zu 2, 8)

Den Ursprung der Liebe bestimmt sie religiös, indem sie den 1. Johannesbrief zitiert „Gott ist Liebe" (4, 8); im gleichen Zusammenhang beruft sie sich auf das berühmte Kapitel über die Liebe aus dem 1. Korintherbrief. (11, 262)

Das kleine Kind erfährt die Liebe zunächst als Schutz, als bedingungslose Zuwendung; es nimmt sie als Grundrichtung des Lebens mit Hilfe des absorbierenden Geistes in sich auf.

Für die Erziehung zur Liebe spielt nach Maria Montessori die Polarisation der Aufmerksamkeit eine große Rolle. (11, 246) Im Moment der höchsten Konzentration entdeckt das Kind seine unverwechselbare Identität. Ich greife noch einmal die bereits in Kapitel 2 zitierte Aussage auf (s.o. S. 45f). In dem Augenblick, in dem das Kind aus der Konzentration zu sich kommt, sieht es die Welt mit neuen Augen. „Es bemerkt auch die Gefährten, denen es ein herzliches Interesse entgegenbringt. In ihm erwacht die Liebe für die Personen und die Dinge." An dieser kurzen Textpassage scheint mir zweierlei bemerkenswert:

– Liebe wächst nicht aus Selbstverleugnung, sondern aus Ich-Stärke. Hier stoßen wir auf eine grundlegende Erkenntnis Montessoris: Immer wieder vertritt sie die These, daß soziales Lernen nur auf dem Boden von eigener Sicherheit und Selbstannahme gedeihen kann (dies ist auch bedeutsam im Blick auf den immer wieder geäußerten Vorwurf, die Montessori-Pädagogik konzentriere sich lediglich auf das einzelne Individuum und vernachlässige das soziale Lernen).

– Die zweite Beobachtung: Das Erlernen der Liebe ist keine gezielte Aktion, sondern ereignet sich „wie von selbst" in der vorbereiteten Umgebung. Auch hier stoßen wir noch einmal auf ein grundlegendes Prinzip der Montessori-Pädagogik: Die Beziehung von Innen und Außen, von Peripherie und Zentrum, von direkter und indirekter Erziehung. Bekanntlich basiert Montessoris Erziehungskonzept auf dem Grundsatz der indirekten Erziehung: An die Stelle der direkten, verbalen Belehrung ist das Angebot getreten, unter hilfreicher Begleitung anhand von entsprechenden Materialien selbständig, in Freiheit zu lernen. Maria Montessori verzichtet darauf, ins Zentrum des kindlichen Geistes vorzudringen; sie konzentriert sich auf die Peripherie, um dem Kind seine Mitte, sein Geheimnis zu lassen und seine Freiheit nicht anzutasten.

b. Der biblisch-theologische Ansatz: Gott ist Liebe

Die Bibel bezeugt von Anfang an die Liebe Gottes zu den Menschen; auch da, wo der Begriff nicht ausdrücklich Verwendung findet, ist die Erkenntnis der Liebe gegenwärtig. Im Alten Testament hat vor allem das Deuteronomium das Verhältnis Gottes zu Israel in der Sprache der Liebe beschrieben, z.B. Dtn 4,37; 10,15; 7,8; 7,13; 10,12; 11,1. Besonders eindringlich hat der Prophet Hosea die Beziehung Jahwes zu seinem Volk im Symbol der Liebesbeziehung gefaßt (z.B. Hos 6,6; 14,5).

Im Neuen Testament hat insbesondere das johanneische Schrifttum die Botschaft und Geschichte Jesu im Symbol der Liebe zur Sprache gebracht, z.B. Joh 15,9ff; 1 Joh 3,1; 4,7ff. In äußerster Verdichtung heißt es in 1 Joh 4,8: „Gott ist Liebe."

Bemerkenswert ist nur, wie diese Basis der biblischen Überlieferung verschüttet wurde. Der Theologe und Dichter Kurt Marti merkt einmal mit Bestürzung an, daß „kein einziges der bisherigen Glaubensbekenntnisse diesen johanneischen Kronsatz ‚Gott ist Liebe' aufgenommen hat." (Marti, 1982, 9) Stattdessen ist der Gott der Liebe, fährt Marti fort, vielfach durch die „patriarchalische Vorstellung eines Macht- und Herrschafts-Gottes" überlagert worden.

c. Konsequenzen für die religiöse Erziehung

Vielleicht gelingt die Erziehung zur Liebe im Religionsunterricht oft nicht gut, weil sie viel zu direkt und steil ansetzt, weil sie sich auf der Ebene der grundlegenden biblischen Zusagen und Forderungen bewegt; dann bleibt es bei verbalen Bekundungen, die keine Veränderungen auslösen. Die Montessori-Pädagogik mit ihrem zurückhaltenden, indirekten Ansatz bietet gute Chancen, neu an der im Neuen Testament ausgerufenen Liebe Maß zu nehmen und im Erfahrungs- und Experimentierraum der Lerngruppe praktische Liebe zu lernen. Dazu ist kein eigenes Programm nötig; sondern wo religiöse Erziehung sich redlich und sachlich am Menschen-

bild und Erziehungskonzept Maria Montessoris orientiert, kann Liebe erfahren und geübt werden. Einige Hinweise deuten die Richtung eines solchen Lernwegs an:
– Wenn Kinder durch Lernen und Wachsen in Freiheit Ich-Stärke gewinnen, müssen sie sich nicht länger ängstlich selbst behaupten, sondern können sich angstfrei öffnen;
– wenn sie gelernt haben, daß die „Schaukraft der Liebe" auch den Menschen neben mir einschließt, könnte Empathie wachsen, die Fähigkeit, andere in ihren Bedürfnissen, Wünschen, Hoffnungen, Ängsten zu erkennen und anzuerkennen; dem Kind könnte aufgehen: „Man sieht nur mit dem Herzen gut!"
– wenn sie das Glück erlebt haben, angenommen und anerkannt zu sein, können sie von dem Zwang frei werden, ständig sich auf Kosten anderer selbst zu bestätigen; sie können fähig werden, andere gelassen anzuerkennen und ihnen zu helfen.

Zusammenfassung: Welche Ziele der religiösen Erziehung werden im Gespräch mit der Montessori-Pädagogik stimuliert und vertieft?

Religiöse Erziehung soll das Kind als Ebenbild Gottes achten und anerkennen.

Das bedeutet im einzelnen:
– den „inneren Bauplan" des Kindes zu respektieren;
– am Aufbau von Vertrauen mitzuarbeiten;
– Hilfe zum Aufbau von Ich-Stärke zu geben;
– Hilfen zur Wahrnehmung der eigenen Person anzubieten;
– ganzheitliches Lernen anzuregen;
– Bereitschaft zum Erkennen des eigenen Ortes in der Schöpfung zu wecken.

Religiöse Erziehung soll das Kind in seiner Freiheit ernstnehmen und unterstützen.

Das bedeutet im einzelnen:
– alle Konzepte und Methoden der religiösen Erziehung daraufhin zu prüfen, ob sie Freiheit eröffnen oder verhindern;

– freie Arbeit und selbstbestimmtes Lernen in der religiösen Erziehung zu ermöglichen;
– eigene Gestaltung religiöser Vorstellungen beim Kind zuzulassen und zu fördern.

Religiöse Erziehung soll offen sein, gemeinsam mit dem Kind und mit der Hilfe des Kindes Zugang zum Glauben zu suchen.

Das bedeutet im einzelnen:
– „die Honoratiorenrobe“ auch im religiösen Lernprozeß abzulegen;
– den Glauben gemäß den individuellen Bedingungen des Kindes zu zeigen;
– die Unverfügbarkeit des Wachsens beim Kind ernstzunehmen;
– Wachsen als Geschenk Gottes kenntlich zu machen;
– dem Kind sein Wachstum bewußt zu machen.

Religiöse Erziehung soll Liebe als Basis und Ziel der religiösen Erziehung erkennen und praktizieren.

4. Lernen in Freiheit
Freie Arbeit im Religionsunterricht

1. Zum Ansatz

Freiarbeit ist das neue Modewort – jeder, der didaktisch etwas auf sich hält, hat auch etwas mit Freiarbeit zu tun. Diese Bewegung hat auch den Religionsunterricht erfaßt. Dominos, Triminos, Spiele, Arbeitshefte liegen auf dem Tisch ... Anlaß genug, darüber nachzudenken, was freie Arbeit für das Fach leisten kann.

Gegenüber allem methodischen Eifer ist aber zunächst einmal eine besonnene didaktische Überlegung nötig. Es kommt vor allem darauf an, sich zu vergewissern, daß die Freiarbeit keine beliebig hantierbare Methode ist, sondern nur in einem klaren pädagogischen Begründungszusammenhang sinnvoll zur Geltung kommt. Das heißt: Freiarbeit ist sorgfältig aus didaktischen Basis-Sätzen zu begründen. Gleichzeitig ist zu reflektieren, wie sich Freiarbeit auf die zugrundeliegende pädagogisch-didaktische Konzeption auswirkt. Wo dies versäumt wird, kommt es zu deutlichen Verkürzungen:
– Freiarbeit wird dann oft nur als interessante Methode „zur Auflockerung“ eingesetzt;
– die Freiarbeitsmaterialien werden häufig nur anhand formaler Kriterien aus der Montessori-Pädagogik konstruiert (z.B. „Immanente Fehlerkontrolle“ ...).

Bei den folgenden Überlegungen soll als Basis ein Satz von Maria Montessori gelten: „Die Grundlage ist also nicht das Nachdenken darüber, wie man das Kind belehren oder erzieherisch beeinflussen kann, sondern wie man ihm eine Umgebung schaffen kann, die seiner Entwicklung förderlich ist, um es dann in dieser Umgebung sich frei entwickeln zu lassen.“ (6, 46) Und noch deutlicher: „Die menschliche Personalität muß in den Blick genommen werden und nicht eine Erziehungsmethode.“ (12, 121)

Vor allen Vermittlungsfragen steht die Überlegung: Welche Chancen zur Selbstfindung und -annahme leistet dieser Unterricht? Wie kann die Freiarbeit die Schüler zu selbstbestimmter und selbstorganisierter Arbeit führen? Was können Materialien in diesem Prozeß leisten?

Diese Fragestellungen signalisieren ein Umdenken – auch im Religionsunterricht.

Das Kapitel verfolgt diese Intentionen:
– Es soll zeigen, wie sich Freiarbeit allgemein und im Religionsunterricht begründet und was sie zur Realisierung von Prinzipien der Montessori-Pädagogik leisten kann;
– es soll zeigen, welche Bedingungen bei der Herstellung und Verwendung von Freiarbeitsmaterial eingehalten werden müssen, damit diese Chancen eingelöst werden.

Die Bedeutung der Freiarbeit bezieht sich auf zwei Felder:
– Den Lernprozeß;
– die Erschließung der Lerninhalte.

Ich gehe nacheinander darauf ein.

2. Erfahrung von Freiheit durch selbstbestimmtes Lernen

Die Freiheit des Kindes realisiert sich in der Freiheit der Wahl. Dieser Grundsatz entfaltet sich in 5 Aspekten (s.o.):
– Freiheit der Bewegung in der vorbereiteten Umgebung;
– Freiheit des Interesses und der Wahl der Gegenstände;
– Freiheit der Zeit, d.h. der Dauer von Konzentrationsvorgängen;
– Freiheit der Kooperation;
– Freiheit der Wahl des Bildungsniveaus, d.h. freie Zuordnung zu Lerngruppen verschiedenen Alters." (Holtstiege, 1991, 78ff)

Alle diese Arbeiten des Kindes zielen aber nicht auf die Optimierung von Vermittlungsprozessen, sondern darauf, „den Menschen hervorzubringen" (11, 82). Das gelingt aber nur, wenn tatsächlich Freiheit ermöglicht wird. Zumindest sollte gewährleistet sein,
– daß die Lernenden die Möglichkeit haben, unter verschiedenen inhaltlichen Angeboten zu wählen (vgl. dazu

auch die Besprechung der Organisationsmodelle in Abschnitt 3.2.);
– daß sie innerhalb der Themen unterschiedliche Aspekte, Schwierigkeitsstufen, Zugangswege und Arbeitsweisen wählen können;
– daß sie entscheiden können, wie ausführlich sie sich mit dem Thema auseinandersetzen wollen;
– daß sie wählen können, ob sie allein oder mit anderen gemeinsam arbeiten wollen;
– daß sie selbst bestimmen können, in welcher Weise sie die Ergebnisse ihrer Arbeit zusammenfassen bzw. darstellen.

In der Montessori-Pädagogik sind Freiheit und Bindung unlösbar miteinander verbunden und aufeinander bezogen. Bindung im Kontext von Freiarbeit erfahren die Schüler:
– durch die begrenzte Auswahl der Themen, die in der Freiarbeit angeboten werden: Nicht alle Themen und Aufgabenstellungen der religiösen Erziehung eignen sich zur freien Arbeit; damit grenzt sich auch die Wahlmöglichkeit ein;
– durch die „mengenmäßige Begrenzung" des Materials; dieses – im klassischen Montessori-Material sehr streng durchgeführte – Prinzip wird sich so auswirken, daß die Themen sehr genau durchkomponiert und -strukturiert werden und dann zu den einzelnen Teilaspekten jeweils nur ein Materialset angeboten wird (vgl. auch unten Abschnitt 3);
– durch die Setzung von „Pflichtmaterialien"; gelegentlich kann es notwendig werden, bestimmte Materialien als „Pflichtmaterialien" festzulegen, weil sie den notwendigen Überblick über einen Zusammenhang vermitteln;
– durch die Eigengesetzlichkeit der Materialien, die einen Erfahrungs- und Lernweg vorgeben; wird dieser nicht beachtet, bleiben die mit dem Material verbundenen Lernchancen ungeöffnet;
– durch die Arbeit in der Lerngruppe; die Freiheit der Wahl begrenzt sich auch durch das soziale Feld, in dem die Freiarbeit stattfindet: Die mengenmäßige Begrenzung der Materialien fordert Absprache und Rücksichtnahme; die bei manchen Materialien gebotene Kooperation nötigt zur Abstimmung der Interessen.

Die in der Freiarbeit erfahrbare und zu übende Freiheit ist aber nicht nur von Bedeutung für die Gestaltung des *Lernprozesses*, sondern auch für die Auswahl, Präsentation und Erschließung der *Lerninhalte*.

3. Erfahrung von Freiheit durch Ordnung: Lernen als geordnete und ordnende Verarbeitung von Inhalten

„Freiheit durch Ordnung" – das scheint auf den ersten Blick ein Widerspruch in sich zu sein. Doch im Zusammenhang der Montessori-Pädagogik wird der Satz stimmig: denn die Ordnung im Geist durch das Erlernen von Strukturen nimmt ja eine zentrale Stellung im Denken Montessoris ein (vgl. Kapitel 2, S. 49ff). Der Heranwachsende lernt, selbständig mit Eindrücken, Erfahrungen und Informationen umzugehen: Er kann sie deuten, einordnen, verarbeiten und wird damit unabhängig vom überlegenen Wissen anderer.

Die für dies Lernen notwendigen Materialien findet das Kind in der „vorbereiteten Umgebung"; mit Hilfe des „Zauberschlüssels" (1, 186) kann es dann seine ganze Umwelt selbständig entdecken, ordnen und seinem Geist verfügbar machen. Diese vorbereitete Umgebung ist also nicht ein ganz und gar durchgeplantes Ensemble steuernder Materialien; sondern sie gibt den Kindern die Möglichkeit, in Freiheit zu lernen, die Welt zu durchschauen und damit zu sich selbst zu kommen. Maria Montessori bezeichnet sie darum auch treffend als „offenbarende Umgebung" (6, 46; „revealing environment". [Psychological Principles in Education; zitiert nach Böhm, 1991, 166])

Wenn Lernen in Freiheit also grundlegend das Erlernen von Strukturen bedeutet, löst dies tiefgreifende Veränderungen auch in der religiösen Erziehung aus: Statt, wie bisher, eine Fülle von Inhalten zu vermitteln, kommt es jetzt darauf an, Strukturen zu erschließen (Einen ähnlichen Ansatz vertritt H. Halbfas mit seinem Vorschlag, bei der Lehrplankonstruktion auch den Erwerb „formalreligiöser Fähigkeiten" wie „Religiöse Sprachlehre" zu berücksichtigen: Halbfas,

1992, 44ff). Montessoris Formel, Arbeitsmaterialien müßten „Schlüssel zur Welt“ sein, ist im Blick auf die religiöse Erziehung abzuwandeln: *Materialien zur freien Arbeit in der religiösen Erziehung sind so zu konstruieren und einzusetzen, daß sie „Schlüssel zur Welt des Glaubens“ sind.* Beispiele:

– Statt sich zahlreiche biblische Geschichten anzueignen, sollten die Kinder lernen, religiöse Texte sachgemäß zu erfassen, beispielsweise durch die Erschließung von Symbolen;

– statt viele Details über die Könige Israels zu lernen, sollten die Heranwachsenden erfahren, welche Bedeutung das Königtum für das soziale und religiöse Leben hatte und wie die Israeliten damit umgingen; sie lernen, daß Freiheit und Gerechtigkeit auf dem Spiel standen und haben damit einen Schlüssel zum Verständnis vieler anderer biblischer Zusammenhänge in der Hand;

– statt immer neue Jesus-Geschichten aufzunehmen, wäre es wichtiger, grundlegende Erfahrungen mit dem Leben und Glauben zu erarbeiten, die diesen Geschichten zugrunde liegen.

Der Ansatz des Lernens durch Ordnen entfaltet sich in drei Richtungen:

3.1. Freiarbeitsmaterialien für ein Fach sind im Rahmen der inhaltlichen Vorgaben des Fachs zu entwickeln

Bei kommerziell hergestellten und vertriebenen Materialien für verschiedene Unterrichtsfächer (z.B. Deutsch; Mathematik; Sachunterricht) ist oft zu beobachten, daß sie einzelne Sachaspekte bzw. Aufgabenfelder des Fachs aufgreifen, die in keinem erkennbaren Zusammenhang stehen; nicht selten entsteht der Eindruck, daß es sich um die „Rosinen“ des Fachs („Indianer-Kartei“; Erdzeitalter ...) oder um zufällige Arbeitsschwerpunkte der Verfasser handelt. Solche punktuellen Materialien sind nicht besonders sinnvoll und allenfalls als Ergänzung einer eigenen, systematisch aufgebauten Sammlung zu verwenden.

Auch bei den relativ wenigen, bisher für den Religionsunterricht angebotenen Freiarbeitsmaterialien wiederholen sich diese Beobachtungen (vgl. die exemplarische Besprechung auf S. 159ff): Da wird beispielsweise „Zeit und Umwelt Jesu" thematisiert bzw. Ausschnitte daraus, weil sich viele Informations- und Gestaltungsmöglichkeiten (z.B. Basteln) anbieten ..., ohne daß ein größerer thematischer Zusammenhang erkennbar wird.

Nötig ist aber, wichtige Themen des Fachs als eine Grundlage der Planung zusammenzustellen. Dies bedarf keiner ausdifferenzierten wissenschaftlichen Systematik – die Inhalte sollen nur in einer deutlichen Ordnung erscheinen. Eine solche Übersicht wird im Anhang versucht (s.u. S. 157f). Sie nimmt drei Funktionen wahr:

– Sie kann beim Einsatz eines Freiarbeits-Materials die Frage aufwerfen, ob das Material völlig isoliert steht oder ob es – gemeinsam mit anderen Materialien – wichtige Themen abdeckt;
– außerdem wird die Überlegung angestoßen, ob ein bestimmtes Material im Kontext der anderen Themen im Blick auf Umfang, Arbeitsaufwand usw. stimmig dimensioniert ist (wenn beispielsweise die Konstruktion einer altisraelitischen Stadt anhand eines Bausatzes etliche Wochen beansprucht, ist kritisch nach der Lernökonomie zu fragen);
– schließlich kann eine solche Übersicht auch den Schülern als Orientierungshilfe dienen; gleichzeitig bietet sie die Grundlage für die immer wieder notwendige Verknüpfung der inhaltlichen Elemente im Sinne des vernetzten Lernens (Beispiele dazu s.u.).

3.2. Freiarbeitsmaterialien sind so zu gestalten, daß sie für Schüler „Schlüssel zur Welt des Glaubens" sind

Wichtiger noch als die thematische Strukturierung ist die Frage nach der Bedeutung dieser Inhalte für die Kinder und Jugendlichen. Grundlegend ist: Es muß ein für sie zentraler, für ihre Entwicklung not-wendiger Aspekt der „Welt" aufgeschlossen werden. Das gilt auch – und verstärkt! – für die „Welt des Glaubens". Dies soll unter einem doppelten Aspekt entfaltet werden: Als Frage nach grundlegenden Inhalten und als Frage nach exemplarischen Erschließungswegen.

a. Grundlegende Inhalte

Das Freiarbeitsmaterial muß sich auf Inhalte beziehen, die wesentliche Aspekte des Glaubens aufschließen.

(1) „Grundbescheide"
Zunächst einmal ist wichtig, nach grundlegenden Sätzen der biblischen Überlieferung zu fragen, die sich als immer wiederkehrende Erkenntnisse und Bekenntnisse durch das ganze Alte und Neue Testament hindurchziehen. Das ist ein nicht unproblematisches Vorhaben; denn allzu leicht verkürzt sich die Lebendigkeit der Überlieferung zu einer Liste abstrakter Begriffe. Dennoch sind solche Konzentrationsversuche unabdingbar, um eine Zersplitterung der biblischen Inhalte und eine fast grenzenlose Beliebigkeit der Interpretation zu vermeiden.

Um der Gefahr der genannten Austrocknung der Überlieferung durch begriffliche Fixierung zu entgehen, suche ich nicht nach Grundbegriffen, sondern nach zentralen Erzähl- und Handlungsmotiven, immer wieder erkennbaren Grundlinien im Alten und Neuen Testament. Der argentinische Alttestamentler J. Severino Croatto (Croatto, 1989) hat dafür den Ausdruck „kerygmatische Achsen" vorgeschlagen; ich wähle – in Anlehnung an eine Formulierung von Helmut Gollwitzer – die Bezeichnung „Grundbescheide"; sie soll andeuten, daß es um den Versuch geht, fundamentale geschichtliche Erzähl- und Bekenntniszusammenhänge der Bibel in knappe Sätze zu verdichten. (Näheres in: Berg, 1993, 76ff). Sechs solcher Grundbescheide habe ich formuliert:

- Gott schafft Leben (Schöpfung);
- Gott stiftet Gemeinschaft (Gemeinschaft; Partnerschaft; Ökumene);
- Gott leidet mit und an seinem Volk (Leiden und Leidenschaft);
- Gott befreit die Unterdrückten (Befreiung);
- Gott gibt seinen Geist (Heiliger Geist und Begeisterung);
- Gott herrscht in Ewigkeit (Gottesherrschaft; Schalom).

Welche Funktion nehmen diese Grundbescheide wahr?

– Im Blick auf die Arbeit mit biblischen Texten markieren sie Grundlinien durch die unübersehbare Fülle von Texten; sie können die Texte zentrieren, wie ein Magnet die Eisenteilchen ausrichtet, und dabei den Schülern einleuchtend ihre Bedeutung und Intention aufzeigen.

Den einzelnen Grundbescheiden sind dann die entsprechenden Texte oder Textgruppen zuzuordnen. So kann beispielsweise der Grundbescheid „Gott schafft Leben“ nicht nur die spezifischen Schöpfungstexte zentrieren, sondern eine Vielzahl biblischer Texte ausrichten, z.B. neutestamentliche Heilungstexte, das Auferstehungszeugnis usw. – Oder der Grundbescheid „Gott leidet mit und an seinem Volk“ könnte die Exodus-Überlieferung, prophetische Texte (Hosea 2!; Jes 53) und die neutestamentlichen Passionserzählungen produktiv aufeinander beziehen.

– Im Blick auf die praktische Organisation der Freiarbeit zu biblischen Themen wären die Grundbescheide als Basis aller weiteren Angebote zu verstehen; sie werden als „Pflichtmaterialien“ gekennzeichnet, deren Bearbeitung Voraussetzung für andere Themen ist. Dies soll am Beispiel des Grundbescheids *„Gott befreit die Unterdrückten“* erläutert werden (vgl. auch Kapitel 3,21f): Als Grundtext könnte das sogenannte heilsgeschichtliche Credo in Dtn 26,1-11 dienen. In diesem Bekenntnis hat Israel die drei Exodus-Verheißungen festgehalten:

– Freiheit für alle;
– guter Lebensraum für alle;
– Gerechtigkeit für alle.

Damit wäre die Struktur des Grundbescheids erarbeitet. Seine Wirkungsgeschichte im Alten Testament (und auch in nach-biblischer Zeit) greift unter einem doppelten Aspekt auf das Grundbekenntnis zurück: Die Erinnerung an die Befreiungstat ermutigt auch in scheinbar aussichtslosen Situationen (z.B. im babylonischen Exil: Jes 52,11f); Aspekt: Trost und Hoffnung. Und: Wird die Freiheit mißbraucht, dann kann sie sich ins Gegenteil verkehren (z.B. Ex 22,21f); Aspekt: Mahnung und Warnung.

Diese Aspekte des Grundbescheids werden in einem Basis-Material zusammengestellt; es besteht aus einer Serie von

Karteikarten im Format DIN A 5. Die Anlage des Materials verdeutlichen die auf S. 120f abgedruckten Karten, die einen Ausschnitt wiedergeben. Erläuterung: Im ersten, hier nicht gezeigten Teil des Materials erfahren die Schüler, wie in alter Zeit immer wieder Nomaden in Dürreperioden in der Steppe kein Futter mehr für ihr Vieh fanden. Sie suchten den Weg ins fruchtbare Nildelta, wo sie sich als Arbeitskräfte anwerben ließen, um ihren Lebensunterhalt zu bestreiten, bis sich wieder die Möglichkeit bot, ins Nomandenleben zurückzukehren.

Dabei geschah es wohl immer wieder, daß solche Gruppen gegen ihren Willen festgehalten und als billige Arbeitssklaven ausgebeutet wurden. – An solche Erfahrungen erinnert sich auch Israel in seinen Überlieferungen. Die Schüler werden durch Texte und Bilder angeregt, sich die Situation der Hebräer in Ägypten zu vergegenwärtigen und ihre Bedrängnis mitzuempfinden. Als Ergebnis könnten folgende Stichworte zur Sprache kommen: Rechtlosigkeit – Heimatlosigkeit – Unfreiheit – Ungerechtigkeit – Unsicherheit ... In diesem Kontext sind die 4 Karten zu sehen (siehe S. 120f).

Auf diesem Material könnten dann weitere Themen aufbauen, die unter der Perspektive „Befreiung" erarbeitet werden können. Beispiele:
– Zeit der ersten Könige: Freiheit und Gerechtigkeit sind durch Monarchie und zentrale Verwaltung gefährdet;
– Propheten: Sie kämpfen – unter Rückbezug auf den Exodus – um Freiheit und Gerechtigkeit für alle;
– Psalmen: Hier finden sich viele Beispiele für die Trost- und Hoffnungsfunktion, ebenso im Thema
– Babylonisches Exil.
Es wäre aber auch denkbar, Themen aus nach-biblischer Zeit unter der Perspektive des Grundbescheids „Befreiung" zu erschließen; z.B.
– Negro Spirituals als Erinnerung an die Befreiung Israels und Ausdruck der Hoffnung;
– Fragen aus dem Konfliktbereich „Erste Welt" – „Dritte Welt" unter dem Leitgedanken „Gerechtigkeit für alle".

Ein altes Glaubensbekenntnis Israels

Ein umherirrender Aramäer war mein Vater; und er zog nach Ägypten hinab und hielt sich dort als Fremder auf, als ein geringes Häuflein. Doch er wurde dort zu einer großen, starken und zahlreichen Nation. Und die Ägypter mißhandelten uns, unterdrückten uns und legten uns harte Arbeit auf. Da schrieen wir zu JAHWE, dem Gott unserer Väter, und JAHWE hörte unsere Stimme und sah unser Elend und unsere Mühsal und unsere Bedrängnis. Und JAHWE führte uns aus Ägypten heraus mit starker Hand und mit ausgestrecktem Arm und mit großem Schrecken und mit Zeichen und Wundern. Und er brachte uns an diese Stätte und gab uns dieses Land, ein Land, das von Milch und Honig überfließt. ... So sollst du ... JAHWE, deinen Gott, anbeten und sollst fröhlich sein über all das Gute, das JAHWE dir und deiner Familie gegeben hat, du und der Levit (= Priester) und der Flüchtling, der bei dir wohnt." (Dt 26, 5-10).

Arbeitshinweise:
Auch als die Menschen in Kanaan, dem verheißenen Land, seßhaft geworden waren, dachten sie oft an die Zeit in Ägypten zurück. Für sie war klar: Solche Zustände sollte es nie wieder geben!
Überlege dir und schreibe auf,

1. was bei ihnen nie wieder so sein sollte wie in Ägypten;
2. was sie sich für ihr Leben im verheißenen Land wohl vorgenommen hatten;
3. für wen dies gelten sollte (beachte besonders den letzten Satz des Textes!).

BEISPIELKARTE

Deine Überlegungen könnten etwa so lauten:
(Wenn du etwas Wichtiges vergessen hast, ergänze es in deinen Aufzeichnungen!)

1. Nie wieder Sklaverei, nie wieder Unterdrückung, nie wieder Ungerechtigkeit, nie wieder Heimatlosigkeit, nie wieder erniedrigt werden ...

2. Gleichberechtigung, Gerechtigkeit, Land, Freiheit, Frieden ....

3. Die Lebensordnung soll für alle gelten, ganz gleich, welchen Beruf sie haben oder zu welchem Volk sie gehören.

Auch viel später noch hat Israel immer wieder an die Befreiung aus Ägypten zurückgedacht.
In einem Lied heißt es:

Ich schreie zu Gott, so laut ich kann; ...
ich schreie zu Gott, er wird mich hören.
In meiner Angst suche ich den Herrn ...
Trost von Menschen kann mir nicht helfen!
Ich denke an deine Taten, Herr,
deine Taten von damals mache ich mir bewußt.
Ich zähle mir auf, was du vollbracht hast, ...
kein anderer Gott ist so gewaltig wie du...
Dein Weg führte mitten durch das Meer,
deine Schritte gingen durch Wassertiefen...
(Aus Psalm 77)

Arbeitshinweise:

1. In welcher Lage befindet sich der Sänger des Liedes?
2. An welches Ereignis erinnert er sich? (Woran kannst du das im Text erkennen?)
3. Warum ist diese Erinnerung wohl wichtig und hilfreich für ihn?

Eine andere Situation, in der sich Israel an den Exodus erinnert, schildert der folgende Text:

Einen Flüchtling darfst du nicht übervorteilen und nicht bedrücken - ihr wart ja selbst Flüchtlinge in Ägypten!
Witwen und Waisen sollt ihr nicht bedrücken. Wenn du sie doch bedrückst und sie schreien zu mir, so werde ich ihr Schreien gewiß erhören, und mein Zorn wird entbrennen und ich werde euch mit dem Schwert töten, daß eure Frauen Witwen und eure Kinder Waisen werden.

(Exodus 22, 20-23)

Arbeitshinweise:

1. An wen könnte der Text gerichtet sein?
2. Warum wird hier an die Geschichte des Exodus erinnert?
3. Was will der Schreiber damit erreichen?

Eine solche Übersicht (vgl. S. 119) wäre auch für die Schüler nützlich, um ihre weitere Arbeit zu organisieren. Greifen sie eins der genannten Materialien auf, finden sie als erstes eine Karte, die die Verbindung zwischen dem Basis-Material und dem gewählten herstellt. Sie hat die Funktion, noch einmal die leitende Fragestellung in Erinnerung zu rufen, unter der das Thema bearbeitet werden soll (in diesem Fall „Befreiung“). Ein Beispiel für eine solche „Start-Karte“:

INFORMATIONSKARTE

Das Material, das du gewählt hast, beschäftigt sich mit dem Thema

"Israel im babylonischen Exil".

Es enthält u.a. Informationen darüber, wie die Israeliten sich mit ihren Erfahrungen in Babylonien auseinandergesetzt haben und welche Möglichkeiten sie fanden, ihre Kultur, ihre Lebensart und ihren Glauben zu bewahren.
Dabei spielte die Rückbesinnung auf den Exodus, die Befreiung aus der ägyptischen Sklaverei, eine große Rolle.
Wenn du dich mit diesem Material erfolgreich beschäftigen willst, solltest du darum vorher das Thema EXODUS bearbeitet haben.
Untersuche, welche Bedeutung die Exodus-Erinnerung für die Israeliten im babylonischen Exil hatte.

(2) Grundlegende Erfahrungen und Lebensweisen
Als durchgehende Linien in der Bibel zeigen sich auch immer wiederkehrende Glaubenserfahrungen und Verhaltensweisen. Die folgende Zusammenstellung versucht, einige zu erfassen:
- glauben und vertrauen;
- lieben;
- hoffen;
- zweifeln und verzweifeln;

- klagen;
- sich freuen;
- nachfolgen.

Auch sie könnten als „Magneten" verwendet werden, die bestimmte Überlieferungselemente an sich ziehen und zentrieren. Beispiele: Eine Folge zum Thema „Klagen" könnte folgende Elemente enthalten:

- Beispiele für Klage-Psalmen (z.B. Ps 7; 13; 22; 88; vgl. hierzu die wichtigen Anregungen von Ingo Baldermann, der die Sprache der Psalmen aufgreift, damit Schüler ihre Erfahrungen sprachlich gestalten können: Baldermann, 1986);
- Texte aus Ijob;
- Jes 53;
- Amos 5,1-3 (Beispiel für den Gebrauch der Totenklage bei den Propheten als Stilmittel der Unheilsankündigung: Amos klagt, als ob das Unheil schon eingetreten sei);
- Mt 26,36-46 (die Klage Jesu in Getsemani);
- literarische Beispiele, z.B. die „Leichenreden" von Kurt Marti (Marti, 1967);
- Beispiele aus der bildenden Kunst.

Oder: Eine Sequenz „Glauben und vertrauen" könnte enthalten: Abraham-Erzählungen; Vertrauenspsalmen, z.B. Ps 23; 73; Heilungserzählungen des Neuen Testaments.

Solche Sequenzen sind keineswegs so gedacht, daß sie bestimmte biblische Texte ein für allemal in einen einzigen Zusammenhang fixieren; sie werden gerade dadurch fruchtbar, daß die gleichen Geschichten durch Zuordnung zu verschiedenen Sequenzen in immer neuen Sichtweisen aufscheinen (z.B. die Erzählung von Zachäus aus Lk 19,1-12 als Geschichte vom Neuen Leben, von der Befreiung, vom Zweifel und vom Glauben ....). Dadurch sättigen sich die Texte mit neuen Perspektiven und möglichen Erfahrungen.

b. Exemplarische Erschließungswege

Das Freiarbeitsmaterial muß exemplarisch in grundlegende Zugänge zu christlichen Inhalten einführen. Auf die Dauer werden Heranwachsende nur dann selbständig und selbstbestimmt mit Religion umgehen können, wenn sie typische

Erschließungswege kennengelernt haben und diese sicher handhaben können.

Drei solcher Erschließungswege sollen vorgestellt werden: Mehrdimensionales Denken – Erfahrungsbezogenes Verständnis der biblischen Überlieferung – Transfer auf die eigene Lebenswelt.

(1) Mehrdimensionales Denken

Die höchste Barriere, die den Zugang zur Religion verstellt, ist wohl das eindimensionale Denken. Wir sind daran gewöhnt worden – und die junge Generation noch viel intensiver – nur noch das für wahr und gültig zu halten, was zählbar und meßbar ist, und Zweckrationalität ist für viele zum wichtigsten Kriterium geworden. Wir müssen wieder lernen – und lehren – daß die Wirklichkeit noch eine andere, tiefere Schicht hat, die Schicht der Gefühle und existentiellen Erfahrungen, der Wertvorstellungen und der religiösen Orientierung. Mehrschichtiges Denken kann vor allem durch den Umgang mit Symbolen erlernt werden. Hier bieten sich auch in der Freiarbeit vielfältige Arbeits- und Übungsmöglichkeiten an. Einige Beispiele:

Mit jüngeren Kindern ist beispielsweise an manche Sinnesübungen zu denken: Wir haben zum Thema „Weihnachten" Geruchsdosen mit typischen Düften entwickelt, die die Kinder anregen, Gerüche mit Erlebnissen, Erfahrungen und Gefühlen in Verbindung zu bringen. (Zum ganzen Bereich der Sinnesübungen vgl. vor allem das folgende Kapitel 5.)

Mit älteren Schülern kann man die Bedeutung und Erschließung von Symbolen systematisch erarbeiten und üben. Dabei sind verschiedene Zugänge zu erproben. Hierfür haben wir ein eigenes Material entwickelt (vgl. die auf S. 125 abgedruckte Übersicht). Es bietet als Grundmaterial einen „Symbolkurs" an, der einen kognitiven Zugang zum Verständnis von Symbolen vermittelt; die Schüler lernen an Beispielen, visuelle und sprachliche Symbole zu interpretieren und mit ihnen selbständig umzugehen. Im ersten Teil wird anhand trivialer Beispiele aus der Werbung die Mehrschichtigkeit von Bildern aufgedeckt; handelnd und mit-denkend

WIRKLICHKEIT IST VIELDEUTIG

Die Sprache der Bilder (Symbolkurs) 1	Bilder zum Meditieren 2	Bilder zum Nachdenken und Nachfühlen 3	Gegen-stände zum Nachdenken 4
Texte zum Nachdenken und Beten 5	Psalm-worte 6	Geschichten zum Nachdenken 7	Hilfen zum Still-werden 8
Mandalas malen 9	Gefühle malen 10	Gefühle einer Person darstellen 11	Gefühle zwischen zwei Per-sonen darstellen 12

DIE SPRACHE DER BILDER

ARBEITSKARTE

Kannst Du jetzt diesen Satz erklären?
"Bilder muß man doppelt lesen!"

Welche beiden Schichten spielen dabei immer eine Rolle?

(Schreibe einige Antwortsätze in Dein Heft / Deinen Ordner / ...).

Wenn man Bilder auf diese Weise **"doppelt"** liest - also **Informationen und Gefühle** betrachtet - nennt man dies eine
SYMBOLISCHE DEUTUNG von BILDERN!

ARBEITSKARTE

SYMBOLBILDER muß man **deuten**, um sie zu verstehen!

Zeichne diese **Symbolbilder** ab und versuche, sie zu deuten:

SYMBOL	**mögliche DEUTUNGEN**
Beispiel: 	Liebe, Glück, Heirat, Erotik, Liebeserklärung, Verzeihen, Schmerz, ...

BEISPIELKARTE

SYMBOL	**mögliche DEUTUNGEN**
Beispiel: 	Liebe, Glück, Heirat, Erotik, Liebeserklärung, Verzeihen, Schmerz, ...
	Zärtlichkeit, Wärme, Erotik, schöne Gefühle, Liebespaar, ...
	Friede, Hoffnung, Geburt, Erleuchtung, ...
	Glaube, Tod, Gottesdienst, Kirche, Kreuzigung, ...
	Alter, Natur, Leben, Schönheit, Beständigkeit, Stärke, Macht, ...

erarbeiten die Schüler am Ende der ersten Phase den Begriff „Symbol" als Schlüssel zum Verständnis (vgl. die auf S. 126 abgedruckte Karte). Im zweiten Teil des Kurses arbeiten die Schüler mit den Informationen zum Symbol, wenden an, transferieren, vertiefen (vgl. die beiden Beispiele auf S. 127).

Daneben enthält der Materialset eine Reihe von symbolischen Bildern, Texten und Gegenständen, die nicht-kognitive Zugänge zur Welt der Symbole öffnen und vor allem auch die Kräfte der Imagination durch eigene Gestaltungen anregen wollen. – Dies Material widerlegt auch das oft vertretene Urteil, Freiarbeit im Zusammenhang der Montessori-Pädagogik verhindere Kommunikation, weil sie nur die Arbeit des einzelnen Kindes anspreche, und sie verhindere Kreativität, weil sie sich auf kognitive Lernprozesse konzentriere. Das Material bietet eine Fülle von Anregungen zur gemeinsamen Arbeit und zum schöpferischen Tun an.
Im Ensemble des Materialsets ist der Symbolkurs ein Pflichtmaterial; es ist aber nicht erforderlich, daß er als erster Teil bearbeitet wird; die Schüler können auch mit einem der anderen Materialien beginnen.

Nach Abschluß der Arbeit können dann andere Themen in Angriff genommen werden, die die Kenntnis symbolischer Interpretation voraussetzen, z.B. „Weihnachten" (Symbol: Licht) oder „Taufe" (Symbol: Wasser).

Auch die Sprache der Bibel bleibt ohne ein sicheres Symbolverständnis verschlossen; gute Erfahrungen wurden mit der Symbolsprache der Psalmen gemacht. Damit kommt schon ein 2. Erschließungsweg in den Blick:

(2) Erfahrungsbezogenes Verständnis der biblischen Überlieferung

Auch dies ist ein sehr wichtiger Erschließungsweg zum Verständnis von Religion. Wer biblische Texte nur als Dokumente geschichtlicher Glaubensäußerungen oder als Urkunden der wahren christlichen Lehre versteht, wird kaum einen eigenen, lebensbezogenen Zugang zu ihnen finden. Es kommt darauf an, sie erfahrungsbezogen zu verstehen.

Zunächst einmal kommt die Frage nach der Erfahrung ins Spiel, die die Produktion biblischer Texte angestoßen hat. Wie produktiv diese Überlegung sein kann, soll das folgende Beispiel verdeutlichen: Wer die Erzählung von der Erschaffung des Menschen aus Ton (Gen 2) in traditioneller Sichtweise liest, wird sie entweder als Dokument längst versunkener religiöser und kultureller Vorstellungen beiseitelegen oder aber versuchen, ihre wortwörtliche „Wahrheit" gegen alle historische Vernunft zu behaupten. Erfahrungsbezogenes Verständnis erkennt in dieser Symbolik der Erdhaftigkeit des Menschen den Versuch einer Antwort auf die Frage: Wo komme ich her? Wo habe ich meine Wurzeln? Wem bin ich verantwortlich? Eine solche symbolische Interpretation könnte beispielsweise die Erkenntnis fördern, daß jeder Versuch, sich zu gott-ähnlicher Allmacht über Mensch und Welt aufzuschwingen, nichts als lachhafte Anmaßung ist. – Sie könnte aber auch eine neue „geschwisterliche" Verbundenheit mit der Schöpfung anregen.

Noch deutlicher tritt das Profil eines Textes hervor, wenn die Ermittlung der möglichen Ursprungssituation eines Textes historisch vorgeht. Bleiben wir bei dem eben besprochenen Beispiel Gen 2. Die alttestamentliche Wissenschaft geht davon aus, daß der Verfasser dieses Textes – man nennt ihn den Jahwisten – in der Zeit der ersten Könige David und Salomo tätig war. Diese Epoche war gekennzeichnet durch den Übergang von einer Verteidigungs- zu einer Eroberungs- und Machtpolitik in Israel. Und die Könige in Jerusalem begannen, sich wie altorientalische Potentaten mit gottähnlicher Machtfülle zu gebärden. In dieser Situation formuliert nun der Jahwist sein Bekenntnis zu Jahwe, dem Schöpfer: Ein Garten des Lebens und Friedens soll die Welt für alle Menschen sein – und nicht ein Schlachtfeld! Und alle Menschen sind aus Erde gemacht, auch die Könige! Wird der Text Gen 2 unter diesem Blickwinkel ursprungsgeschichtlich betrachtet, bekommt er überraschende Tiefenschärfe!

Dies Verständnis biblischer Überlieferung als „Antwort-Texte" ist die Basis eines sachgemäßen Umgangs mit ihr. Es erfordert ein intensives Einleben in die Erfahrungswelt des

Alten und Neuen Testaments – eine Aufgabe, die mit Freiarbeits-Materialien ausgezeichnet anzugehen ist.

Im Rahmen des genannten Beispiels käme es darauf an, die frühe Königszeit gründlich zu untersuchen: das Alltagsleben; die politische Lage; die gesellschaftliche Situation; den Glauben. Eine solche Untersuchung kann keineswegs nur von älteren Schülern in Form einer historischen Analyse vorgenommen werden. Umwelterzählungen, Bilder, kleine Szenen usw. können als Freiarbeits-Material auch jüngeren Kindern diese geschichtliche Situation als „Sprechzeit" für den Jahwisten plastisch erschließen.

Ein solches Material haben wir in Form einer Geschichtserzählung entwickelt. Hauptfigur der Geschichte ist Jahu (der „Jahwist"!), ein Schreiber am Hof des Königs David. Nachdem die Annalen fertiggestellt sind, die die Heldentaten des großen Königs verherrlichen, hat er den Auftrag bekommen, zu sammeln, was man sich in den Familien der einzelnen Stämme und Sippen über die Geschichte des Volkes erzählt, um zu demonstrieren, daß der König auch seiner Herkunft nach ein besonderer, von Gott erwählter Mensch war. – Aber es kommt ganz anders. Jahu erfährt bei diesen Nachforschungen vieles, was ihn sehr nachdenklich macht: Die geschichtlichen Erzählungen der frommen Israeliten halten die Erinnerungen an Jahwe wach, dem allein Israel sein Dasein verdankt – und der in Vergessenheit zu geraten droht. An seine Stelle beginnt für viele der König zu rücken, nach dem Vorbild altorientalischer Herrscher ein Gott!

Jahu macht einen Lernprozeß durch; er fängt an, umzudenken, und er schreibt die geschichtlichen Erinnerungen des Volks als Erinnerungen an Jahwe auf, die die Gegenwart kritisch beleuchten und manche Sichtweise radikal in Frage stellen. – Eine solche Erzählung kann eine Fülle von Informationen einschließen und gleichzeitig das Verständnis für eine ursprungsgeschichtliche Auslegung biblischer Texte anbahnen. Begleitende Materialien wie Informationskarten, Arbeitsaufträge usw. vertiefen die Auseinandersetzung. – Der auf S. 131 abgedruckte Text zeigt einen Ausschnitt aus der Erzählung von Jahu.

Jahu auf dem Hof des Bauern Elieser

Eines Tages machte Jahu einen Besuch beim Bauern Elieser in Bet-El. Er hatte gehört, daß der alte Mann noch viele Geschichten aus alter Zeit kannte.
Er hatte mehrere Wachstafeln und einen spitzen Griffel eingepackt, um alles aufzuschreiben.
"Schalom - und einen Gruß von unserem erhabenen König" sagte Jahu, als er dem alten Mann gegenübertrat; "wir haben gehört, daß du noch viele alte Geschichten kennst - ich muß alles aufschreiben, damit der Ruhm und der Glanz unseres großen Herrn noch heller strahlen! Also - was weißt du?"
"Von einem glanzvollen und ruhmreichen Herrn weiß ich nichts", sagte Elieser ärgerlich, "ich kenne nur seine Steuereintreiber, die immer neue Abgaben aus uns herauspressen; und ich kenne seine Verwalter, die uns immer wieder zu Frondiensten zwingen - fast könnte man denken, daß wir wieder Sklaven sind, wie einst in Ägypten!"
"Hüte deine Zunge, Alter", schalt Jahu, "sonst entzieht dir unser Herr seine Gnade, und dann geht es dir schlecht! Also, was hast du zu berichten? "
"Also, erzähle ich dir eine Geschichte", sagte Elieser; "weißt du, wie es am Anfang der Welt zuging? Da nahm Gott, der Herr, einen Klumpen Erde und formte daraus den Menschen. Dann blies er ihm seinen Atem ein." Jahu ärgerte sich: "Was soll denn das? Das hat doch nichts mit dem Ruhm unseres großen Königs zu tun!" "O doch", erwiderte der Alte und lächelte, "das hat etwas mit dem König zu tun."
"Jetzt habe ich aber genug von deinem Geschwätz" schimpfte Jahu und machte sich zornig auf den Heimweg. - Aber auf dem langen Weg mußte er doch immer wieder darüber nachdenken, was der alte Elieser gesagt hatte.

Ähnlich wie bei den „Grundbescheiden" (Beispiel: „Befreiung") kann eine so erschlossene „Sprechzeit" als Ausgangspunkt und Basis für die Bearbeitung weiterer Themen dienen. Auf der Basis der ursprungsgeschichtlichen Erschließung der frühen Königszeit (Jahwist) könnten beispielsweise weiterbearbeitet werden:

- „Schöpfung";
- Vätergeschichten;
- Exodus;
- Wüste;
- Dekalog ...

Ein anderes Material bezieht sich auf die neutestamentliche Zeit. Auch hierzu haben wir eine Umwelterzählung entwikkelt. Benjamin, ein israelischer Junge und Julius, Sohn eines römischen Offiziers, schließen Freundschaft. In ihren Erlebnissen spiegelt sich die Lebenswelt einer kleinen Stadt zur Zeit des Neuen Testaments (Die Idee, die Umwelt des Neuen Testaments in den Erlebnissen eines jüdischen und eines römischen Jungen zu spiegeln, stammt von Ursula Wölfel, die mit ihrer Geschichte „Isaak und Claudius" aber andere Themen verfolgt. Die Geschichte ist abgedruckt bei: Neidhart/ Eggenberger, 1987,162 ff). Die Darstellung der Umwelt des Neuen Testaments in der Geschichte von Benjamin und Julius ist aber kein Selbstzweck, sondern verfolgt zwei Absichten:

- Die Gestalt Jesu soll aus seiner Lebenswelt herauswachsen; Schritt für Schritt soll das Besondere an ihm sich in den Erlebnissen der beiden Jungen spiegeln und allmählich Kontur gewinnen.
- Die Reden Jesu sollen als „Antworttexte" kenntlich werden; die Erzählung stellt beispielsweise das Gleichnis von den Arbeitern im Weinberg (Mt 20, 1-15) als „Antwort" auf die Forderung der Honoratioren dar, er, der Messias, möge doch bitte nicht mit den Verachteten Kontakt halten, sondern eben mit ihnen. Jesus macht ihnen klar: Bei ihm geht es nicht um das, was einer „leistet", sondern um das, was einer nötig hat.

„Benjamin und Julius" ist also ebenfalls ein ursprungsgeschichtliches Material, das die Verwurzelung biblischer Texte in einem Lebenszusammenhang erfahrbar machen will.

Auch dies Material liegt in Form einer zusammenhängenden Erzählung vor; ein Begleitmaterial eröffnet vielfältige Möglichkeiten freier Arbeit (vgl. die auf S. 134 abgedruckte Teilübersicht.)

Erfahrung kommt nicht nur bei der ursprungsgeschichtlichen Arbeit ins Spiel, sondern auch dann, wenn es um die erlebnis- und handlungsbezogene Aneignung biblischer Überlieferung geht. Hier bieten sich im Bereich der Freiarbeit vor allem Formen des Spiels, der Gestaltung, des Anschauens an (s.u.).

(3) Transfer auf die eigene Lebenswelt

Einsichten im Glauben bleiben leblos, wenn sie nicht in Beziehung zur eigenen Lebenswelt treten. Diese Aufgabe entzieht sich sicher weitgehend einer nachprüfbaren „Ergebnissicherung". Aber im *Prozeß* der Freiarbeit ergeben sich gute Chancen für einen solchen Transfer. Denn die Kinder werden im Vorgang der freien Wahl zu solchen Materialien greifen, die nahe an ihren Fragen, Bedürfnissen und Interessen sind. Und auch bei den häufig angebotenen unterschiedlichen Gestaltungsvorschlägen werden sie solche Möglichkeiten wählen, die ausdrücken, was ihnen eingeleuchtet hat oder wichtig geworden ist. Das gilt nicht zuletzt für Angebote der nicht-kognitiven, kreativen Auseinandersetzung. – Wichtig ist auch, daß in der Freiarbeit ohne den Zeitdruck des Frontalunterrichts gearbeitet werden kann. Jedes Kind hat die Möglichkeit, in aller Ruhe auch solchen Fragen nachzugehen, die ihm wichtig sind, die aber im Klassenunterricht möglicherweise nicht ins Spiel kommen. Daraus können sich vermutlich tiefere Beziehungen zur eigenen Lebenswelt entwickeln.

Im Blick auf das Materialangebot kann ein Transfer auf die eigene Lebenswelt im Medium von Fremderfahrungen angebahnt werden. Hierfür bieten sich exemplarische Biographien an. Allerdings sollte man dabei die „großen Heiligen" beiseite lassen und sich auf die „kleinen Heiligen" konzentrieren, Menschen, deren Leben für sie selbst und für andere gelingt, weil sie im Horizont des Glaubens leben. Auch Grup-

Benjamin und Julius (Auszug)

Eine Geschichte aus alter Zeit

	Mögliche Freiarbeit
1. Die erste Begegnung	*Palästina in römischer Zeit*
2. In Benjamins Haus	*Jüdisches Haus*
3. Auf dem Feld	*Feldarbeit*
4. Beim Worfeln	*Worfeln*
5. Aus Korn wird Brot	*Mahlen, Backen*
6. Beim Töpfer Ephraim	*Töpfer/Dorf*
7. Benjamin muß lernen: In der Synagoge	*Synagoge Schrift; Tora...*
8. Der blinde Bartimäus Erste Nachrichten von Jeschua	*Krankheit*
9. Eine Stadt bereitet sich auf Jeschua vor	
10. Jeschua kommt – und Bartimäus kann wieder sehen	*Wanderrabbis*
11. Jeschua findet Freunde – ist er der Messias?	*Messias-Erwartung im Judentum*
12. Wer verlorengeht, wird gesucht	*Lk 15/Gleichnisse*
13. Jeschua mag Kinder	*Kinder im NT*
14. Streit in der Dorfkneipe: Für wen ist Gott eigentlich da?	*Hierarchie Passion*

pen wie „Aktion Sühnezeichen/Friedensdienste", Terre des hommes, amnesty international bieten sich an. Die Darstellung und Bearbeitung dieser exemplarischen Biographien läßt sich mit Freiarbeits-Material sehr gut durchführen.

3.3. Freiarbeitsmaterialien sind so zu gestalten und einzusetzen, daß daran grundlegende Tätigkeiten gelernt und geübt werden können.

In der Freiarbeit werden auch Fertigkeiten erlernt und geübt, die nicht fachspezifisch auf die religiöse Erziehung begrenzt sind. Das gelingt allerdings nur bei entsprechender Qualität und Verwendung des Materials. Bevor einige dieser Fertigkeiten angesprochen werden, zwei Vorbemerkungen:

– Hubertus Halbfas hat sich mehrfach mit der religionspädagogischen Bedeutung der Montessori-Pädagogik bzw. der Freiarbeit auseinandergesetzt. (Halbfas, 1982; 1985, 34ff) Er unterstreicht die große Bedeutung der Freiarbeit, zieht ihr aber im Feld der Religionspädagogik enge Grenzen: „Nicht für alle Wirklichkeitsbereiche lassen sich jene Arbeitsmittel schaffen, auf die sich Freiarbeit stützt, und manche Realitäten sind komplexer, als daß sie für Arbeitskarten oder Übungsmaterialien methodisierbar wären. Insgesamt wird die symbolische und metaempirische Dimension unserer Welt mit dem arrangierbaren Material nicht zugänglich." (Halbfas, 1985, 37) Zweifellos ist es richtig, daß nicht alle Inhalte und Aufgaben des Religionsunterrichts durch Freiarbeit abzudecken sind; ich denke, daß gerade stark auf Kommunikation angewiesene Methoden wie Erzählen, Singen, Feiern, Spielen auf die Zusammenarbeit der ganzen Lerngruppe angewiesen sind.

Aber ganz offensichtlich hat Halbfas mit seinem Urteil hier eine recht reduzierte Vorstellung von Freiarbeit, Freiarbeits-Materialien und ihren didaktischen Chancen im Blick. Die oben skizzierten Möglichkeiten, Freiarbeits-Material einzusetzen, erweitern das Spektrum deutlich. Dies kommt insbesondere dann zum Zug, wenn die Angebote zur Stille, zum Meditieren und zum Gestalten einbezogen werden.

– Die zweite Vorbemerkung: Halbfas könnte in seinem Urteil bestätigt werden durch die meisten auf dem Markt angebotenen Materialien unter der Rubrik „Freiarbeit im Religionsunterricht". Sie beschränken sich in der Regel auf anspruchslose Zuordnungs- und Übungsaufgaben.

Das zeigt sich deutlich am Beispiel der vielfältigen Materialien zur Bibelkunde: Meistens handelt es sich um eine öde Abfragerei von belanglosen Kenntnissen. Hier wird nicht mit qualifizierten didaktischen Kriterien gearbeitet, sondern am methodischen Einfall maßgenommen! Dabei wird meist nicht zwischen Wichtigem und Unwichtigem unterschieden (Vgl. die exemplarische Besprechung von Materialien auf S. 159ff).

Ich möchte einmal deutlich formulieren: *Wer Lernenden den Kopf mit unwesentlichem Faktenwissen vollstopft, enthält ihnen nicht nur den „Schlüssel zur Welt des Glaubens" vor, sondern vernagelt die Zugänge selbst!*

Welche Fertigkeiten können nun in der Freiarbeit im Religionsunterricht gelernt bzw. erweitert, vertieft und geübt werden?

a. Selbständige Beschaffung, Auswertung und Verarbeitung von Informationen

Wichtig ist hierbei, daß es sich um eine selbständige Tätigkeit handelt. Dem Kind werden in der vorbereiteten Umgebung Informationen angeboten, die in der Thematik und Aufbereitung seiner Entwicklung entsprechen: Dem Vorschulkind wird man beispielsweise Bilder oder Bilderbücher bereitstellen, von der Sekundarstufe I an sollte neben Arbeitskarteien auch eine Informationsbibliothek für die Lernenden zur Verfügung stehen. Zu diesem Arbeitsbereich gehört auch die Aneignung und Übung entsprechender Techniken; z.B.: Wie fasse ich einen Text zusammen? Wie finde ich Bildmaterial? Wie kann ich das Wesentliche an einem Thema erkennen und darstellen? Auch der wiederholende und übende Umgang mit Kenntnissen hat seinen Ort in diesem Arbeitsfeld; es muß aber sehr genau beachtet werden, ob die Informationen, mit denen gearbeitet wird, didaktischen Kriterien genügen, oder ob der methodische Kunstgriff nur dazu dient, banale Informationen zu vermitteln.

b. Recherchieren

In diesem Arbeitsfeld geht es darum, Praxisfelder gelebten Christseins zu erkunden. Als Freiarbeits-Material stehen dafür Informationsdokumente zur Verfügung, aber auch Hinweise und Anleitungen zu eigenen Erkundungen, Interviews usw. Beispiel: Am Schulort gibt es eine Gruppe von amnesty international. Einige Kinder nehmen sich vor, diese Gruppen kennenzulernen. Im Freiarbeitsbereich steht ein Material zur Verfügung, das zwei Abteilungen enthält:

– Hinweise und Anleitungen zum informativen Kontakt mit einer solchen Gruppe;
– Informationen über bestehende Gruppen und Aktivitäten.

Sie nehmen sich die Informationen der ersten Abteilung und finden etwa folgende Hinweise:

– Bevor Ihr Kontakt mit einer Gruppe aufnehmt, solltet Ihr Euch erste Informationen beschaffen. Dazu findet Ihr Unterlagen in ... (z.B. in der zweiten Abteilung des Materials; oder: in Broschüren, zu finden ...; oder in folgenden Sammelbänden ...). – Dann solltet Ihr Euch überlegen, welche Fragen Ihr stellen wollt, damit Ihr gut ins Gespräch kommt. – Ihr solltet auch planen, wie Ihr ein Informationsgespräch festhalten wollt (Tonband; Protokoll; Polaroid-Kamera ...). – Wenn Ihr einen Termin mit der Gruppe vereinbaren wollt, stellt sicher, daß auch alle Mitglieder Eures Arbeitsteams zu dem Termin Zeit haben!
– Beim Gespräch mit der Gruppe könntet Ihr auch herausfinden, ob es weitere Informationsmaterialien, Broschüren, Faltblätter usw. gibt. Auch könntet Ihr erkunden, ob in nächster Zeit eine öffentliche Aktion dieser Gruppe geplant ist, an der Ihr vielleicht teilnehmen könnt. Schließlich könntet Ihr fragen, ob vielleicht ein Mitglied der Gruppe bereit wäre, einmal in Eurer Klasse/Schule zu berichten.
– Nach dem Gespräch solltet Ihr euch überlegen, wie Ihr anderen mitteilen könnt, was Ihr herausgefunden habt (Bei-

spiele: Ein Information für die Klasse – für mehrere Klassen – für die Schule, evtl. gemeinsam mit einem Vertreter der Gruppe; ein Informationsmaterial, das in die Freiarbeit gegeben werden kann; ein Projektheft für Euch selbst; eine Wandzeitung ...).

c. Ganzheitlich Erfassen

Auch in der Freiarbeit können Formen ganzheitlichen Erfassens von Inhalten eingeübt werden; zu denken ist beispielsweise an den ganzen Bereich der Sinnesübungen, die auch in der religiösen Erziehung von hoher Bedeutung sind, sowie auch körpersprachliche Übungen; in diesem Bereich legen sich oft Freiarbeits-Aktivitäten in der Form von Partnerarbeit nahe.

d. Nachdenken, meditieren

Die Chancen, auch Nachdenken und Meditieren in der Freiarbeit zu realisieren, ergeben sich vor allem aus der Verbindung mit dem Bereich der Stille-Übungen. Viele Texte, Bilder, Geschichten oder Gebete, die dem einzelnen in der „Stille-Ecke“ zur Verfügung stehen, können in die Freiarbeit zu Themen wie „Gebet“, „Psalmen“, „Symbol“ mit einbezogen werden.

e. Gestalten

Auch die vielfältigen Möglichkeiten des Gestaltens können in der Freiarbeit genutzt werden. Vor allem das nicht-gegenständliche Malen kann die gedankliche Auseinandersetzung mit bestimmten Themen erweitern und vertiefen. So ist es beispielsweise viel ergiebiger, die Kinder zum Thema „Wie denke ich mir Gott und die Beziehung zu ihm?“ nicht-gegenständlich gestalten zu lassen; denn sobald sie gegenständlich malen, kommen immer die gleichen Klischees heraus. (Vgl. zu Abschnitt c bis e vor allem auch das folgende Kapitel 5.)

Alle diese Aktivitäten sind natürlich nicht als Selbstzweck oder methodische Kuriositäten gedacht, sondern dienen dem einen Ziel, die Kinder schrittweise bei der Selbstorganisation ihrer Arbeit zu unterstützen und damit den Aufbau ihrer Persönlichkeit helfend zu begleiten.

Damit sind wir bei einem letzten Gesichtspunkt:

4. Erfahrung von Freiheit in der Entwicklung der Person

Erinnern wir uns: Freiarbeit dient in der Montessori-Pädagogik nicht in erster Linie der Vermittlung von Kenntnissen oder Techniken, sondern richtet sich darauf, „den Menschen hervorzubringen". Sehr plastisch beschreibt Maria Montessori in der „Schule des Kindes", wie dieser Prozeß vorzustellen ist: Die freie Arbeit, die ja letztlich eine Arbeit des geistigen Ordnens ist, setzt die Kinder immer mehr in Stand, „mit Ordnung und Klarheit ihre geistigen Erwerbungen zu machen. Diese Art der ‚Kenntnisse' ist in der Lage, auf die Entscheidung vorzubereiten; sie treffen dann bei jeder Handlung des Tages ihre Entscheidung ... in ihnen entwickelt sich ein willensstarkes Leben." (2, 175) Damit aber ist das Kind auf dem Weg, „Meister seiner selbst" zu werden (6, 7) ... in der Sprache der heutigen Erziehungswissenschaft: Es findet zu seiner Identität – oder: Es hat ein authentisches Selbstkonzept gefunden und kann es einlösen.

Aber die Erfahrung heute arbeitender Erzieher mit kleinen und größeren Kindern läßt ein solches Bild als völlig unrealistische Utopie erscheinen. Ist die Montessori-Pädagogik am Ende doch eine Pädagogik für eine heile Welt, die für unsere Zeit mit ihren verstörten, beschädigten Kindern nicht mehr taugt? Sicher haben sich die Umstände dramatisch verschärft! Aber auch Maria Montessori hatte einen sehr klaren Blick für die Schäden, die die Kinder auch in ihrer Zeit an sich trugen: Ängstlichkeit, Aggressivität, Zerstörungslust, Konzentrationsschwäche usw. sind Anzeichen für tiefgreifende Störungen, die sie als „Deviationen", als Abweichungen oder Abwegigkeiten bezeichnet. (8, 157ff; vgl. Holtstiege, 1987, 97f) Diese Deviationen kommen nach Montessori dadurch zustande, daß Kinder an der freien Entwicklung ihrer Person gehindert werden. Für die „Normalisation" gilt dann der umgekehrte Weg. Sie kann nicht vom Erzieher oder

Lehrer „gemacht" werden, sondern nur vom Kind selbst ausgehen, indem es sich – wie beschrieben – auf den Prozeß der Konzentration einläßt. Die Aufgabe des Erziehers ist, ihm die Hindernisse aus dem Weg zu räumen und ihm durch die Schaffung geeigneter Lernsituationen und -anreize die Gelegenheit dazu zu geben.

Zweifellos ist uns hiermit kein Generalschlüssel für die Behebung aller Störungen in die Hand gegeben, die wir heute bei den Kindern (und uns selbst!) wahrnehmen – aber eine Richtung ist gezeigt. Natürlich kann man Kinder nicht einfach in eine vorbereitete Umgebung setzen und erwarten, daß sie schon selbst wissen, was zu tun ist. Gerade bei den heute vielfach gestörten Kindern wird „anfangs .. eine stärkere, aber behutsame Lenkung" angezeigt sein. (Holtstiege, 1987, 102) Diese Hilfe wird vor allem darin bestehen, daß die Kinder schrittweise zur Übernahme eigener Verantwortung ermutigt und befähigt werden. Geeignete Maßnahmen wären u.a.:

- Verzicht auf Überwachung; dafür Angebote, die eigene Arbeit selbst zu kontrollieren (z.B. durch Arbeitspläne, Karteikarten);
- Wochenpläne;
- immanente Fehlerkontrolle.

5. Konsequenzen für die Praxis

5.1 Eine schwierige Ausgangslage

Wie ist nun ein so anspruchsvolles Konzept in der Praxis des Religionsunterrichts einzulösen? Zunächst einmal wird es nötig sein, sich die unterschiedlichen Rahmenbedingungen vor Augen zu stellen, unter denen Freiarbeit zu realisieren ist. Grundsätzlich ist davon auszugehen, daß die Konstellation, unter der Maria Montessori etwa im Kinderhaus von San Lorenzo ihre ersten, grundlegenden Erfahrungen sammelte, so kaum wiederholbar ist: Ihre Kinder waren in gewisser Weise tabula rasa .... gewiß auch bildungshungrig ..... der Lernprozeß war nicht durch reglementierende Vorgaben wie einheitliche Altersstruktur, Lehrpläne .... eingeengt. Diese Bedingungen sind in unserem Umfeld allenfalls noch im Kindergarten (Montessori: Kinderhaus) anzutreffen.

Auch die Montessori-Schulen bieten – jedenfalls im Primarbereich – mit ihrem großen Angebot an Freiarbeit in jahrgangsgemischten Gruppen noch günstige Rahmenbedingungen. Aber in der Regelschule sind die Verhältnisse doch erheblich problematischer. Darauf beziehen sich die folgenden Überlegungen.

Zunächst einmal sind ganz allgemein die Schwierigkeiten anzusprechen, die der Einführung von Freiarbeit in die Regelschule im Weg stehen:

– Die bestehende Schulstruktur mit ihrem Klassen- und Fächerprinzip erschwert die freie Wahl ganz erheblich, ja, macht sie fast unmöglich. In der Primarstufe, in der weitgehend das Klassenlehrer-Prinzip herrscht, gelingt die Einführung von Freiarbeit meist ohne besondere Schwierigkeiten. Die Probleme türmen sich aber hoch, wenn es in den Bereich der weiterführenden Schulen geht.

Hier wirkt sich das Fachlehrerprinzip ausgesprochen hinderlich aus. Das zeigt sich nicht zuletzt auch im Sekundarbereich der Montessori-Schulen, jedenfalls im Blick auf die Realschule und das Gymnasium.

– Die Lernorganisation in der Regelschule basiert auf dem Grundsatz, daß alle Schüler die gleichen Inhalte zur gleichen Zeit zu lernen haben. Freie Wahl und differenzierendes Lernen sind dabei kaum möglich.

– Ein einseitiger, auf kognitive, jederzeit reproduzierbare Kenntnisse ausgerichteter Begriff von Lernen verhindert, daß die Kinder und Jugendlichen sich – unter den Bedingungen der Regelschule – in freier Wahl mit den Inhalten und Aufgaben beschäftigen, die sie im Blick auf die Entwicklung ihrer Eigenverantwortung, ihrer Bedürfnisse und Interessen fördern;

Ist ein solches Lernkonzept dann noch – wie an den Regelschulen gebräuchlich – mit ständigen bewertenden Erfolgskontrollen verbunden, wird die Erfahrung von Freiheit unmöglich.

– Die Schüler, aber auch Lehrer, sind auf die Freiarbeit nicht vorbereitet: Viele Schüler sind konzentrationsschwach, zerfahren, kaum fähig, etwas in Ruhe aufzunehmen; dazu kommt, daß sie bisher kaum gelernt haben, selbst Verantwortung für ihren Lernprozeß zu übernehmen – bei welchen Anlässen denn auch? Auch die meisten Lehrer sind auf eine veränderte Situation, wie sie die Freiarbeit mit sich führt, kaum vorbereitet: Jahrelang gewöhnt, die Schüler kleinschrittig zu führen, zu kontrollieren und zu beurteilen, reagieren sie oft mit Unsicherheit.

Diese Lage führt bei Schülern und Lehrern nicht selten zu beklommenen Zweifeln und dem Rückfall in die nur allzu gewohnten Verhaltensmuster: Lehrer beginnen bald wieder mit Druck und Kontrollen, Schüler versuchen, sich dem zu entziehen.

– Im Religionsunterricht treten oft noch weitere hinderliche Bedingungen hinzu: Das Fach kann maximal in zwei Wochenstunden angeboten werden, in der Regel zweimal 45 Minuten. Dabei kann es nur schwer zu einer konzentrierten, anhaltenden Auseinandersetzung mit Freiarbeitsmaterialien kommen. Wird eine Integration in die allgemeine Freiarbeit versucht, wirkt sich die Trennung nach Konfessionen ungünstig aus; denn das Material müßte ja nicht nur in allen Klassen angeboten werden, aus denen die Schüler der eigenen Konfession stammen, sondern auch mit dem Religionsunterricht der anderen Konfession in der Freiarbeits-Klasse abgestimmt werden.

Was müßte beachtet werden, damit Freiarbeit im Religionsunterricht gelingt?

5.2. Die vorbereitete Umgebung

Dieser in der Montessori-Pädagogik wohlbekannte Begriff besagt, daß die Umgebung der Kinder (das Kinderhaus; die Schule; der Klassenraum) so eingerichtet sein müssen, daß sie den Lernenden die Möglichkeit zum selbstbestimmten Lernen eröffnet und sie dazu anregt. Hildegard Holtstiege charakterisiert eine gut gestaltete vorbereitete Umgebung als „Anregungswelt voll progressiver Interessen". (Holtstiege, 1989, 128)

a. Der Raum

Der Raum sollte nach den bekannten Grundsätzen der vorbereiteten Umgebung gestaltet sein:
– Möglichkeit der freien Bewegung und des selbständigen Handelns;
– funktionale Gliederung (z.B. Regale/Schränke für Materialien zur Freiarbeit; Informationsbereich; Leseecke ...);
– Übersichtlichkeit, Ordnung und Zugänglichkeit des Materials.
Im Blick auf die religiöse Erziehung ist die Stille-Ecke besonders wichtig. Sie sind in vielen Montessori-Kinderhäusern und -Schulen zu sehen. Oft waren sie nicht besonders anregend gestaltet; über ein Kreuz, eine Kerze und ein paar Leseheftchen kamen sie meist nicht hinaus.

Zur Einrichtung ist später noch etwas zu sagen; im Blick auf die Raumgestaltung ist wichtig, daß die Stille-Ecke wirklich die Möglichkeit bietet, sich an einen besonderen Ort zurückzuziehen, eine Nische in der Unruhe in mir und um mich herum zu finden. Sie sollte also gut abgegrenzt sein (Raumteiler!), vielleicht könnte auch die in vielen kirchlichen Einrichtungen vorhandene Kapelle bzw. der Andachtsraum mit einbezogen werden.

b. Das Material

(1) Allgemeine Grundsätze

In der Montessori-Pädagogik gibt es allgemein gültige Kriterien für alle Materialien. Für die religiöse Erziehung sind diese – etwas modifiziert und ergänzt – zu übernehmen. Dazu kommen fachdidaktische Kriterien, die in Abschnitt 3 dieses Kapitels entwickelt wurden. (vgl. die Zusammenstellung auf S. 147f)

Erläuterungen:

Zur Beurteilung von Materialien

Zwei Gesichtspunkte sollen hervorgehoben werden.
– Bei der Produktion von Materialien macht sich leicht eine Einstellung breit, die man als „Methoden- und Materialfeti-

schismus" bezeichnen kann (vgl. die exemplarische Besprechung einiger Freiarbeitsmaterialien auf S. 159ff): Da geht es in erster Linie um den methodischen Einfall (z.B. das Würfelspiel zum Leben Jesu, das Bilderrätsel oder sogar den „Gebetswürfel") oder die Bereitstellung von viel Material (z.B. eine große Zahl von Quizkarten mit Fragen zur Bibelkunde); die Reflexion der Ziele und Funktionen tritt zurück. Demgegenüber ist die Notwendigkeit einer gründlichen fachdidaktischen Analyse zu unterstreichen (Teil 2 der Kriterienliste).
– Ein spezifisches Problem wirft das Kriterium der „immanenten Fehlerkontrolle" auf. In der Montessori-Pädagogik ist sie ein wichtiges Instrument, um dem Lernenden ein von Erwachsenen unabhängiges Urteil darüber zu ermöglichen, ob seine Arbeit erfolgreich war oder nicht.

Der Anwendung diese Grundsatzes in der Praxis sind allerdings Grenzen gesetzt: Schon bei den Montessori-Materialien selbst ist er nur dann anwendbar, wenn es sich um ganz eindeutige, überprüfbare Sachverhalte handelt. Bei vielen Materialien findet sich in den Beschreibungen darum der lapidare Satz: „Fehlerkontrolle durch den Erzieher". Umsomehr wird man überhaupt darauf verzichten, wenn es etwa um Gestaltungsarbeiten oder um Aufgaben der Text- oder Bildinterpretation geht.

Im Blick auf dies Problem haben wir in dem bereits genannten Material zur Symbolerschließung einen neuen Typ der „immanenten Fehlerkontrolle" entwickelt: Sie gibt den Lernenden nach Abschluß der eigenen Interpretation kein „Lösungsblatt", was ja der Vielschichtigkeit und Mehrdeutigkeit von Symbolen nicht gerecht würde! Aber die Schüler erhalten eine „Beispielkarte", die die Richtung andeutet, die sie bei der Bearbeitung der Aufgabe einschlagen sollten. Damit haben sie Anhaltspunkte für eine stimmige Auslegung, ohne auf bestimmte Sichtweisen oder Formulierungen festgelegt zu sein (vgl. das Beispiel auf S. 127).

Zur Herstellung von Materialien

1. Schritt: Auch bei der Herstellung sollte am Anfang der Planung eine gründliche *fachdidaktische Reflexion* stehen, um

der genannten Gefahr des Methoden- und Materialfetischismus aus dem Weg zu gehen.

2. *Schritt: Vorbereitung der Herstellung.* Zunächst geht es um die Frage: Woher bekomme ich schülergerechtes Text- und Bildmaterial? Hierfür stehen viele ansprechende Bücher zur Verfügung, die sich auch für eine Schüler-Infothek eignen (Vgl. die Auswahlliste auf S. 158f). Wichtig ist auch die Überlegung nach einer zweckmäßigen und ansprechenden Präsentationsform der geplanten Materialien: Es bieten sich an:

– Karteikarten. Sie sind sehr vielseitig einsetzbar. Ratsam ist die Verwendung von DIN-Formaten (in aller Regel DIN A7 bis DIN A5), um die Austauschbarkeit und zweckmäßige Aufbewahrung zu erleichtern. Bei den in diesem Kapitel vorgestellten Materialien zur Symbolerschließung, zur frühen Königszeit und zur Umwelt des Neuen Testaments haben wir DIN A5-Karten verwendet, weil relativ viel mit Informationstexten, Übersichten und Bildern gearbeitet wird. Bei anderen reicht oft DIN A7 (Beispiel: Die im nächsten Kapitel vorzustellenden Auftragskästen zum freien Malen, Gestalten usw.). Für die Aufbewahrung der Karten greift man am besten auf handelsübliche Kunststoffkästen (Baumärkte!) zurück; die ästhetisch ansprechenderen Holzkästen sind in der Regel recht teuer.

– Hefter im Format DIN A4 oder A5, entweder als Schnellhefter, Ringbücher oder – etwas aufwendiger – in Form der Spiralbindung. Man kann dann die einzelnen Blätter in Klarsichthüllen stecken.

– Viele Materialien lassen sich natürlich nicht in solchen Standardformaten herstellen und präsentieren, hier muß man mit einiger Kreativität nach eigenen Möglichkeiten suchen.

– Zu bedenken ist auch, in welcher Form dem Material zugeordnete Arbeitsblätter usw. angeboten werden. Zweckmäßig ist eine Hängekartei, die die vervielfältigten Blätter enthält (auf eindeutige Zuordnung im Material achten!); vielleicht kann man kleinere Blätter in größerer Anzahl auch im Karteikasten o.ä. aufbewahren, der das Material enthält.

3. Schritt: Herstellung. Hier ist vor allem die ästhetisch-funktionale Qualität der Materialien zu bedenken. Grundsätzlich sollten die einzelnen Blätter eine stärkere Papierqualität aufweisen (120 – 170 Gramm/m^2). Wenn sie nicht in Klarsichthüllen angeboten werden, sollte man grundsätzlich folieren; der Mehraufwand bei der Herstellung macht sich in Kürze bezahlt, wenn die Materialien auch einem stärkeren Gebrauch gewachsen sind. Dafür reichen allerdings die normalen Foliermaschinen in der Regel nicht aus, weil sie nur relativ schwache Papierstärken verarbeiten und weil sie die Schnittkanten freilassen. Wer nicht von Hand folieren will, ist auf zwei relativ teure Verfahren angewiesen: Entweder er benutzt eine Laminiermaschine, die Kunststofftaschen verschweißt, oder selbstklebende Folientaschen (Wir haben gute Erfahrungen mit der Laminiermaschine PL-260 LSI der Marke ibico gemacht; sie verarbeitet Formate bis DIN A4. – selbstklebende Folientaschen sind zu beziehen bei der Firma Hail Lehrmittel, 72766 Reutlingen).

Zum ästhetisch-funktionellen Bereich gehört auch die visuelle Gestaltung: Ein gutes Schrift- (Druck-) Bild gehört zum Standard, ebenso saubere Kopien. In aller Regel empfiehlt es sich, weniger Material herzustellen und dies in erstklassiger Qualität (z.B. Verwendung von Farbfotos, eigenen Zeichnungen, kolorierten Kopien...).

(Eine – nicht unwichtige – Bemerkung: Bevor Kopien, Texte, Bilder usw. verarbeitet werden, sollte man sich eine gute Kopiervorlage herstellen, bei der auch die Quelle vermerkt ist! Dies erspart später manche lästige oder erfolglose Sucharbeit!)

Zur „immanenten Fehlerkontrolle“ vgl. die Bemerkungen im Abschnitt zur Analyse von Freiarbeitsmaterial!

Kriterien für die Herstellung und Beurteilung von Freiarbeitsmaterialien im Religionsunterricht

1. Zur Struktur des Materials

1.1. Welche ästhetische Qualität hat das Material? Ist es mit Sorgfalt hergestellt? Eignet es sich für eine intensive Nutzung. Wurde eine Präsentationsform gewählt, die einen übersichtlichen Zugang zum Inhalt eröffnet? (Ästhetisch-funktionale Qualität).

1.2. Regt das Material die Benutzer an, sich intensiver auf den Inhalt einzulassen? (Anregungscharakter)

1.3. Ist das Material in sich abgeschlossen, oder regt es zu eigenen Gedanken und weiterführenden Fragen an? (Unabgeschlossenheit)

1.4. Bietet das Material den Schülern die Möglichkeit, sich selbständig mit dem Thema zu beschäftigen und unabhängig vom Lehrer festzustellen, ob ihre Arbeit erfolgreich war? (Immanente Fehlerkontrolle)

2. Zur didaktischen Funktion des Materials

2.1. Spricht das Material grundlegende Aspekte eines Themas an? Kann den Schülern daran etwas für sie Interessantes, Bedeutsames aufgehen? (Exemplarische Bedeutung des Inhalts).

2.2. Ist das Gesamtthema gut durchstrukturiert? Ist es in Teileinheiten aufgeteilt, die für die Lernenden überschaubar bleiben?

2.3. Spricht das Material exemplarische Erschließungswege an? (Schlüssel zur Welt des Lebens und Glaubens)
   - Mehrdimensionales Denken
   - Erfahrungsbezogenes Verständnis biblischer Überlieferung
   - Transfer auf die eigene Erfahrung

2.4. Können an dem Material grundlegende Tätigkeiten gelernt und geübt werden?
   - Selbständige Beschaffung, Auswertung und Verarbeitung von Informationen
   - Recherchieren
   - Ganzheitliches Erfassen
   - Nachdenken, Meditieren
   - Gestalten

2.5. Welchen Zugang zum Thema spricht das Material in erster Linie an?
   - Es führt in das Thema ein
     * Es setzt eine Einführungsphase voraus
     * Es hat selbst einführende Funktion
   - Es dient vorwiegend der Anwendung und Übung bereits bekannter Inhalte, Einsichten oder Fähigkeiten
   - Es vertieft ein Thema und führt es weiter
   - Es regt zum Transfer eines bereits bekannten Themas auf einen neuen Erfahrungs- oder Lernzusammenhang an

(2) Funktionale Differenzierung
Im Blick auf das Material zur Freiarbeit ist dreifach zu differenzieren:
- Materialien zu bestimmten Themen;
- Materialien zur eigenen Information (Informations-Bibliothek);
- Materialien zur Stille und Meditation.

Materialien zu bestimmten Themen
Das gesamte Material sollte in sich klar strukturiert sein; die Struktur wird für die Lernenden durch die Titel der Einzelmaterialien und/oder Kennziffern durchschaubar. Auch in sich sollten die Einzelmaterialien klar strukturiert sein (z.B. Numerierung); dies empfiehlt sich nicht zuletzt im Interesse der Ordnung im Freiarbeits-Material! Es sollte Angebote zu

den drei Elementen der – noch zu besprechenden – „vorbereiteten Lernsituation" enthalten (vgl. Abschnitt 5.3):
- Einführung in das Thema;
- Bearbeitung des Themas;
- Auswertung.

Materialien zur eigenen Information (Informations-Bibliothek)
Auf längere Sicht sollte in jeder Klasse eine kleine Bibliothek vorhanden sein, die den Lernenden erlaubt, sich selbst Informationen zu bestimmten Themen zu beschaffen. Dies kann schon im Vorschulalter geschehen (Bilderbücher) und intensiviert sich mit zunehmendem Alter (vgl. die Zusammenstellung auf S. 158f). Auch hier gilt der Grundsatz der guten Zugänglichkeit und Strukturierung. Wahrscheinlich wird es notwendig sein, bei den Materialien zu bestimmten Themen auf entsprechende Literatur zu verweisen.

Materialien zur Stille und Meditation
Hier geht es nun um die Frage, wie eine Stille-Ecke ausgestattet sein sollte. Auf jeden Fall sollte sie – wie erwähnt – ein echtes „Refugium" sein. Unter Umständen sollte den Kindern Gelegenheit gegeben werden, durch Hören leiser Meditationsmusik (Kopfhörer) Abstand zu gewinnen. An Material sollte ein vielfältiges Angebot an Bildern, Gegenständen und Texten verschiedenster Art zur Verfügung stehen (Vgl. dazu das folgende Kapitel 5).

5.3. Die vorbereitete Lernsituation

Ein häufig geäußertes Mißverständnis im Blick auf die Montessori-Pädagogik besagt, daß man das Kind in die vorbereitete Umgebung setzt und es sich selbst überläßt! Bei Montessori ist aber der Vorgang der Freiarbeit genau strukturiert. Es lassen sich drei Phasen unterscheiden:

I *Eröffnungsphase:* In der Regel als Einführung in das Material und seine Handhabung („Lektion") angelegt.

II *Freiarbeitsphase:* Das Kind arbeitet selbständig; der Erzieher/Lehrer beobachtet und steht zur Beratung zur Verfügung.

III *Abschluß-/Auswertungsphase:* Das Kind stellt mit Hilfe der immanenten Fehlerkontrolle fest, ob seine Arbeit erfolgreich war oder sichert seine Arbeit auf andere Weise (Frage an den Erzieher/Lehrer; Austausch mit anderen; Zusammenfassung im Heft, im Arbeitsblatt; Einspeisung der Ergebnisse in ein gemeinsames Projekt ...).

Diese Elemente sollten auch in der Struktur der Freiarbeits-Materialien für die religiöse Erziehung enthalten sein. Dazu einige Hinweise:

a. Zur Eröffnungsphase.

Sie soll leisten:
- Einführung in die Thematik;
- Kennzeichnung der einzelnen Aspekte der Thematik, die in der Freiarbeit als Materialien angeboten werden;
- Motivation für die weitere Auseinandersetzung.

Die Eröffnungsphase entspricht der Lektion in der Montessori-Pädagogik. In der Eröffnungsphase kann die Anfangsvorgabe – wenn die Schüler insgesamt oder individuell gut fortgeschritten sind – sehr weit gefaßt werden, z.B. so, daß als Rahmenthema „Die frühe Königszeit" gemeinsam erarbeitet wird und die Schüler dann selbständig einzelne Themen (Zeiten...) bearbeiten.

Die Vorgabe kann aber auch relativ eng geführt werden: Ein Thema wird anhand eines Buchs, Arbeitshefts etc. (gemeinsam) erarbeitet. Hierfür haben wir die Form der Umwelt-Geschichte entwickelt (Jahu; Benjamin und Julius; s.o. S. 130ff). Sie bietet die Basis für die Freiarbeit. Günstig wäre es, wenn solche Erzählungen als Kinderbücher zur Verfügung stünden (Wir hoffen, in absehbarer Zeit ein entsprechendes Angebot machen zu können). Zugeordnete Aktivitäten werden dann in Form von Arbeitsaufgaben, Anregungen, Gestaltungsvorschlägen dargeboten.

Die Vorgabe muß nicht immer in Form der Lektion für die ganze Klasse oder auch einzelne Schüler geleistet werden; sie könnte auch immanent im Material enthalten sein. Beispiel: Zum bereits vorgestellten Thema „Symbole" gibt es ein Set verschiedener Materialien. Darin ist auch ein kleiner

„Symbolkurs" enthalten; er ist im Interesse der guten Strukturierung des Themas als „Pflichtmaterial" ausgewiesen.

b. Zur Phase der Freiarbeit

Sie ist auf die möglichst funktional gestaltete und anregend vorbereitete Umgebung angewiesen. Zur Organisation werden in Abschnitt 5.4. Vorschläge entwickelt.

c. Zur Phase der Auswertung

Hier ist genau darauf zu achten, daß die Schüler nicht gezwungen sind, „Arbeitsergebnisse" zu präsentieren. Es sollte ihnen Gelegenheit gegeben werden, ihre „Ergebnisse" so festzuhalten und – wenn gewünscht – darzubieten, daß es für sie lohnend und reizvoll ist (z.B. beim Thema „Advent" in einem Gottesdienst, einer Feier, in einer Wandzeitung, in einem Stille-Buch ...). Auch Projekthefte, Fotodokumentationen, u.U. auch eine Videodokumentation bieten sich an.

5.4. Organisationsmodelle

Wie kann unter diesen Voraussetzungen Freiarbeit im Religionsunterricht erfolgreich organisiert werden?

a. Grundsätze

– Freiarbeit kann nicht verordnet werden, sondern ist von Lehrern und Schülern in einem langsamen, geduldigen Prozeß kleiner Schritte zu erlernen und zu üben;
– Freiarbeit sollte durch einen ständigen Austausch der Beteiligten begleitet sein (Gespräche über Erfolge und Schwierigkeiten, gemeinsame Verbesserungsideen...);
– Freiarbeit ist unter sorgfältiger Berücksichtigung der jeweiligen Ausgangsbedingungen zu planen und durchzuführen.

Die folgenden Überlegungen gehen von der *„Normalsituation"* aus, d.h. von der Annahme, daß Freiarbeit im Religionsunterricht der Regelschule erteilt wird, und zwar in einer konfessionell abgegrenzten, altershomogenen Klasse. Günstig wäre eine Zusammenfassung in einer wöchentlichen Doppelstunde.

Wie bei jeder regelmäßig durchgeführten Freiarbeit ist eine Aufgliederung des Schuljahrs in *Freiarbeits-Epochen* dringend anzuraten. Eine solche Strukturierung sorgt dafür, daß die Stoffülle für die Lernenden überschaubar bleibt; als Grundmuster bietet sich etwa ein 8-Wochen-Rhythmus an. Dabei können sich im Religionsunterricht Epochen mit Freiarbeit abwechseln mit Zeiten, in denen gebundener Unterricht erteilt wird.

Im Blick auf die *Themenwahl* wird man sich grundsätzlich an die Vorgaben des Lehrplans halten. Allerdings wird das eine oder andere Thema (u.U. auf Kosten eines Lehrplaninhalts) hinzukommen müssen, das im Interesse des Strukturlernens erforderlich ist (z.B. die Einführung in Symbole). Und auch die vorgegebenen Themen werden oft ganz neu ausgerichtet und strukturiert; Beispiel: Aus einer Informationseinheit über die ersten Könige Israels wird eine Sequenz, in der diese Zeit als ursprungsgeschichtliche Sprechzeit erschlossen wird (s.o.).

b. Organisationsmodell: Freiarbeitsepoche mit <u>einem</u> Thema

Grundraster des Unterrichts ist die Gliederung in Lernepochen, die jeweils ein Thema bearbeiten. Jede Lernepoche orientiert sich an der schon genannten Grundstruktur: Eröffnungsphase – Freiarbeitsphase – Auswertungsphase.

Beispiel für eine Lernepoche:

Thema: **Weihnachten**	☐ Adventsbräuche ☐ Symbol: Licht ☐ Lieder ☐ Weihnachten in aller Welt ☐ Düfte	
ERÖFFNUNGSPHASE	FREIARBEITSPHASE	AUSWERTUNGSPHASE

Wichtig ist, daß die klare Strukturierung des Themenfeldes nicht nur in der Eröffnungsphase sichtbar wird, sondern durchgehend erkennbar bleibt. Das kann beispielsweise durch die Verwendung von deutlichen Kennbuchstaben, Ziffern, Numerierungen geleistet werden. Denkbar wäre auch die Zusammenstellung der Teilthemen auf einem Poster, das während der ganzen Epoche aufgehängt bleibt. Die Epoche schließt mit einer Auswertungsphase ab. Sie sollte möglichst vielfältige freie Darstellungsmöglichkeiten einbeziehen. Nach dem Abschluß der Epoche kann nach dem gleichen Muster ein neues Thema begonnen werden.

Vorteile dieses Epochenmodells sind, daß die Klasse in überschaubaren Zeitspannen arbeitet, und daß die Zusammenarbeit zwischen den Schülern und ein Austausch der Ergebnisse gut möglich ist. Ein schwerwiegender Nachteil liegt darin, daß sehr viele Materialien bereitgestellt werden müssen, da alle Schüler gleichzeitig an einem Thema arbeiten.

c. Organisationsmodell: Freiarbeitsepoche mit <u>mehreren</u> Themen

Dies Modell geht davon aus, daß Material zu mehreren unterschiedlichen Themen bereitsteht und die Schüler daran arbeiten. Diese Methode hat den Vorteil, daß die Lernenden eine breitere Wahlmöglichkeit haben und ihren Interessen differenzierter nachgehen können. Vor allem ist wichtig, daß für die einzelnen Themen nicht so viele Materialien hergestellt werden müssen. Allerdings reduzieren sich gleichzeitig die Chancen auf eine Zusammenarbeit. Bei diesem Modell entfällt die gemeinsame Einführungsphase in das Thema. Die Funktionen der Einführung müssen also im Material selbst angelegt sein. Dazu bieten sich mehrere Möglichkeiten an:

– Man könnte ein Basismedium herstellen, das alle Teilaspekte zusammenhält und strukturiert (vgl. dazu die Erzählungen „Jahu“ und „Benjamin und Julius“).
– Als zweite Möglichkeit bietet sich an, ein oder mehrere „Pflichtmaterialien“ in das Angebot einzubauen, die die genannten Funktionen wahrnehmen können.

– Schließlich wäre auch daran zu denken, daß diejenigen, die die Bearbeitung des Themas anfangen, ein Übersichtsblatt erhalten, das ihnen bei der Orientierung hilft.

d. Organisationsmodell: Freiarbeitsphase innerhalb des Klassenunterrichts

Da, wo Freiarbeit noch nicht als Grundform der religiösen Erziehung möglich ist, bietet es sich an, Freiarbeits-Phasen in den Klassenunterricht einzubauen – dies ist vielleicht auch eine empfehlenswerte Vorstufe für Lehrer und Schüler, die erst mit Freiarbeit im Religionsunterricht anfangen.

Ein interessantes Beispiel hat R. Oberthür vorgestellt. (Oberthür, 1993) Er hat eine *„Psalm-Wort Kartei"* erstellt, eine Zusammenstellung von Sätzen aus den Psalmen, die Lebenserfahrungen und Gefühle wiedergeben (z.B. „Wer mit Tränen sät, kann mit Freude ernten"). Die Kinder finden in diesen Psalmworten dichte Gestaltungen ihrer eigenen Erfahrungen und eignen sie sich gedanklich und gestaltend an. In diesen Prozeß hat der Autor Phasen freier Arbeit einbezogen. In diesen Phasen beschäftigten sich die Kinder u.a. mit folgenden Aufgaben: Alle Kartei-Karten mit bestimmten Wörtern heraussuchen, z.B. „Herz", „Hand", dazu eigene Gedanken oder Geschichten schreiben. – Zu einem vorgegebenen Bild der Kunst verschiedene passende Wortkarten suchen, die Psalmsätze unter das Bild schreiben, vielleicht die Zusammenstellung auch kommentieren.

Ein anderes Beispiel: In eine Unterrichtseinheit zum Thema „Verbreitung des Evangeliums in der frühen Kirche" (Klasse 6) wurde eine Freiarbeits-Phase zum Thema *„Reisen des Apostels Paulus"* integriert. Die Schüler erhielten Materialsets zu einer Reihe von Teil-Themen, die sie allein oder in Kleingruppen bearbeiteten (z.B. Wie reiste man damals; wie schrieb man? griechische Götter ...). Jedes Teilthema wurde durch ein entsprechendes Zeichen markiert. Strukturierendes Leitmedium war eine Karte des Mittelmeerraums, Kärtchen mit den Zeichen der Teilthemen signalisierten deren Ort. Nach etwa 3 Unterrichtsstunden präsentierten sie ihre

Ergebnisse; sie wurden in einem großen Poster zusammengefaßt.

5.5. Strukturen und Vernetzungen

Sollen die Schüler in der Freiarbeit inhaltliche und methodische Strukturen des Religionsunterrichts einüben, damit sie selbstbestimmt lernen können, muß das Material dem auch in seiner Anordnung und Präsentation Rechnung tragen. Es ist so anzulegen, daß die Lernenden möglichst in jeder Phase der Arbeit durchschauen können, in welchem Zusammenhang sie sich befinden. Diese strukturelle Klarheit wird an drei Punkten wichtig:

a. Das Umfeld des Themas muß durchschaubar sein

Beispiel: Bei der Bearbeitung des alttestamentlichen Themas „Babylonisches Exil“ wird eine Kette zur Geschichte Israels ausgelegt („AT-Kette“; s.u.); die Kinder bekommen einen Eindruck von der Länge der Zeit und erfahren, in welcher Epoche das Projekt angesiedelt ist. Außerdem können sie die häufiger angesprochenen Rückverweise aus der Zeit des babylonischen Exils in die Geschichte (z.B. Erinnerung an die Befreiung aus Ägypten) besser einordnen.

> „AT-Kette“. Es werden etwa 1400 6-mm-Perlen auf eine Schnur gezogen (ca. 1300 v.Chr. bis 135 n. Chr.); nach jeweils 100 Jahren wechselt die Färbung der Perlen. Angelegte Pfeile mit Jahreszahlen zeigen eine erste Strukturierung der langen Epoche. Einzelne Zeitabschnitte, z.B. die frühe Königszeit, werden durch „Ereignis-Pfeile“, „Personen-Pfeile“ und „Gedanken-Pfeile“ weiter aufgeschlüsselt. Diese Pfeile verweisen dann wieder in informierendes bzw. vertiefendes Material.
> Ähnliche Ketten können für die Zeit des Neuen Testaments oder der Kirchengeschichte hergestellt werden; außerdem: (Kirchen-) Jahresketten.

Diese Orientierungshilfe wird am Anfang der Freiarbeits-Phase angeboten und kann/sollte auch während der Arbeit in der Phase wieder aufgegriffen werden (Anregungen dazu müssen im Material enthalten sein).

b. Das Thema muß in sich gut durchstrukturiert sein

Beim gleichen Thema wäre der umfangreiche Inhalt in verschiedene Felder zu gliedern:
- Geschichtlicher Verlauf;
- tägliches Leben;
- Religion der Babylonier und Auseinandersetzung der Israeliten damit;
- Versuche der Deutung des Schicksals Israels in biblischen Texten;
- Verzweiflung und Hoffnung bei den Israeliten.

Diese Struktur sollte in der Einführungsphase bekanntgemacht und durch entsprechende Signale (Farben; Farbpunkte ...) gekennzeichnet sein (z.B. Bereich „Geschichtlicher Verlauf" erhält die Signalfarbe grün; daran erkennt man alle Materialien zu diesem Bereich). Bei der Freiarbeit könnte dann als Vorgabe formuliert werden, daß aus jedem Bereich ein Material bearbeitet werden sollte. Es empfiehlt sich, die Teilthemen im Blick auf Inhalt und notwendige Arbeitszeit bei den Schülern relativ eng zu begrenzen; diese Kleinschrittigkeit hat den Vorteil, daß die Schüler jeweils für sie gut überschaubare Aufgaben übernehmen. Für die Herstellung des Materials ist vorteilhaft, daß der Arbeitsaufwand nicht zu hoch wird. Zur Verdeutlichung weisen wir noch einmal auf die vorgestellten Materialien hin: Das komplexe Feld „Mehrschichtigkeit der Wirklichkeit" wurde in 12 Teil-Aspekte aufgegliedert; das Thema „Reisen des Apostels Paulus" differenzierte sich nach 13 Unterthemen.

c. Die einzelnen Elemente der Freiarbeit sollten möglichst gut vernetzt sein

Dem Erkennen und Durchschauen von Strukturen dient auch die möglichst intensive Verklammerung der einzelnen

Themen. So wird man beispielsweise in einem Kurs zum Verständnis von Symbolen Querverweise in besonders „symbolträchtige" Themen anbringen (z.B. Ostern; Weihnachten; Taufe); umgekehrt werden diese Themen Hinweise auf den Symbolkurs enthalten, u.U. ist es sogar notwendig, zu verlangen, daß ein bestimmtes Material vor der Beschäftigung mit dem neuen Thema durchgearbeitet wird (vgl. die auf S. 122 abgedruckte „Startkarte" zum babylonischen Exil). Ebenso wird man bestrebt sein, alle Texte und Textgruppen, die in einer „Ursprungssituation" wurzeln, (s.o. S. 122), miteinander zu vernetzen.

Anhang: Ergänzende Informationen

1. Exemplarische Zusammenstellung von Themen für Freiarbeits-Materialien

1.1. Allgemein
Einführung in die Mehrschichtigkeit von Realität

1.2. Bibel

Allgemein
Aufbau, Strukturen, historische Zusammenhänge

Altes Testament
- Aufbau, Strukturen, historische Zusammenhänge
- Zeit und Umwelt
  - Tägliches Leben
  - gesellschaftliche Verhältnisse
  - religiöse Verhältnisse .....
- Schöpfung
- Väter
- Exodus
- frühe Königszeit
- babylonisches Exil
- Psalmen
- Propheten

Neues Testament
- Aufbau, Strukturen, historische Zusammenhänge
- Zeit und Umwelt (s.a. AT)
- Jesus von Nazaret
- Gottesherrschaft

- Heilungen und Befreiungen
- Passion
- Auferstehung
- Urgemeinde; Paulus

1.3. Geschichte und Leben der Kirche

- Exemplarische Biographien
- Reformation
- Christentum und Kirche im 19. Jahrhundert
- Ökumene/ evangelisch-katholisch
- Diakonie
- Gottesdienst
- Basisgemeinden und Aktivitäten

1.4. Religionen

- Judentum
- Islam
- Hinduismus
- Buddhismus
- andere Religionen

1.5. Meditation und Stille

2. Religionsunterricht: Informations- und Arbeitsmaterialien für Schüler (Auswahl)

Achterberg, Herbert, Zeugen des Evangeliums. 300 Gestalten aus den 20 Jahrhunderten nach Christus, Brendow Verlag, Moers 1987.

Achtnich, Elisabeth (Hg), Frauen, die sich trauen. Ein Vorlesebuch, Verlag Ernst Kaufmann, Lahr 1991.

Augusta, Pavel/Honzák, Frantisek, So lebten die Menschen im Altertum, Karl Müller Verlag, Erlangen 1991.

Balta, Paul u.a., Die Welt der Religionen. (Die Welt erkennen), Otto Mayer Verlag, Ravensburg 1991.

Bätz, Kurt/Mack, Rudolf, Sachbilder zur Bibel. Vorlagen zum Zeichnen, Verlag E. Kaufmann/Kösel-Verlag, Lahr/München ^{2}1984.

Bätz, Kurt/Mack, Rudolf, Sachtexte zur Bibel. Hilfen zum Verstehen und Erzählen, Verlag E. Kaufmann/Kösel-Verlag, Lahr/München 1985.

Beck, Susanne, u.a. (Hg), Vorlesebuch Ökumene. Geschichten vom Glauben und Leben der Christen in aller Welt, Verlag Ernst Kaufmann/Butzon & Bercker, Lahr/Kevelaer 1991.

Bubolz, Georg (Hg), Religionslexikon. Kompaktwissen für Schüler und junge Erwachsene, Cornehlsen Verlag Scriptor, Frankfurt 1990.

Calvocoressi, Peter, Who's who in der Bibel (dtv 11313), Deutscher Taschenbuchverlag, München ^{2}1991.

Domay, Erhard (Hg), Vorlesebuch Symbole. Geschichten zu biblischen Bildwörtern für Kinder von 6-12 Jahren, Verlag E. Kaufmann/Patmos-Verlag, Lahr/Düsseldorf 1989.
Elwell, Walter A., Kleines Bibelhandbuch. Bearbeitet von Herbert Hartmann, Friedrich Bahn Verlag, Konstanz 1988.
Gandol-Coppin, Brigitte, Dome, Münster, Kathedralen. Bauwerke des Glaubens (Die Welt entdecken), Otto Mayer Verlag, Ravensburg 1988.
Gebhard, Ulrich/Johannsen, Friedrich (Hg), 'Glaubst du eigentlich an Gott?' Kind und Religion. Ein Ratgeber für Eltern und Erzieher, Gütersloher Verlagshaus Gerd Mohn, Gütersloh 1989.
Gutschera,Herbert/Thierfelder, Jörg (Hg), Brennpunkte der Kirchengeschichte, Verlag F. Schöningh, Paderborn 1976.
Ich entdecke die Welt der Bibel. Altes Testament/Neues Testament. Band 1 und 2, Otto Maier Verlag, Ravensburg 1989f.
Mendt, Dietrich, Fünf Minuten Kirchengeschichte. 60 Anregungen für die Gemeinde von heute, Brendow Verlag, Moers 1990.
Metzger, Bruce M., u.a. (Hg), Faszinierende Welt der Bibel. Von Menschen und Schicksalen, Schauplätzen und Ereignissen, Verlag Herder, Freiburg ^{2}1989.
Meyer, Ivo/Spiegel, Josef F., Wir entdecken die Bibel, Verlag Herder, Freiburg 1982.
Schulze-Bernst, Hermann/Viertelhaus, Wolfram/Weidinger, Norbert, Neue religiöse Bewegungen innerhalb und außerhalb der Kirchen, Kösel Verlag, München 1986.
Steinwede, Dietrich/Schupp, Renate (Hg), Unbeirrbar. Lebenbilder von Männern und Frauen des 20. Jahrhunderts, Verlag Ernst Kaufmann/Butzon & Bercker, Lahr/Kevelaer 1991.

Viele schülergerechte, in der Regel sachlich zuverlässige Informationen finden sich in den entsprechenden Bänden folgender Reihen:

Die Welt, aus der wir kommen, Arena, Würzburg.
Jetzt weiß ich mehr über die ... Herder Verlag, Freiburg.
Was ist was? Tessloff Verlag, Nürnberg.

3. Exemplarische Besprechung von vier Materialien zur Freiarbeit in der religiösen Erziehung

1. G.Krombusch/K. Meyer-Berhorn (Hg.), Arbeitsmittel Religion: Vaterunser, Steyler Verlag. Nettetal 1990

Das Material enthält folgende Elemente:
– Drei Papptafeln, je ca 30 x 40 cm; sie sind an den Längskanten durch Klebestreifen zu einer großen Tafel verbunden. Aufgedruckt

ist jeweils ein aus 7 Quadraten konstruiertes Kreuz; auf der ersten Tafel enthalten die Quadrate die Zahlen von 1-7, auf der zweiten Zeichnungen, die jeweils eine biblische Geschichte bzw. das Gottesbild symbolisieren (z.B. die Brotvermehrung), auf der dritten je ein „Leitwort" zu den Vaterunserbitten (z.B. Dein Wille);
- 3 Sätze von Text- und Bildkarten, die den Quadraten zuzuordnen sind: 1 Satz Bildkarten (entspricht Tafel 2); 1 Satz Karten mit den „Leitworten"; 1 Satz Karten mit den Bitten des Vaterunsers;
- kleine Leporellos (Faltbüchlein) entsprechend den Bildkarten; sie enthalten die Texte der biblischen Geschichten;
- 4 Kreisausschnitte mit Text, die den Schluß des Vaterunsers (Doxologie) enthalten („Denn dein ist das Reich ....");
- eine Faltkarte mit dem Text des Vaterunsers.

Eine Anleitung für die Kinder ist nicht vorhanden. Das Material wird folgendermaßen gehandhabt. Nach einer Einführung zum Thema Beten durch den Lehrer werden die Bildkarten unter die ausgeklappten Papptafeln gelegt. Das Kind soll sie auf die Quadrate der Tafel 1 legen (Tafel 2 bleibt sichtbar); die Anordnung ist die gleiche wie in Tafel 2, dadurch ist eine immanente Fehlerkontrolle gegeben (außerdem Zahlen auf der Rückseite der Bildkarten).

In gleicher Weise werden die Leitwortkarten auf Tafel 2 ausgelegt; Kontrolle erfolgt wiederum durch die nebenstehende Tafel 3. – Auf Tafel 3 werden dann die Textkarten mit den Vaterunserbitten gelegt. Die 4 Kreisausschnitte werden um die „Kreuzung" der Vertikalen und der Horizontalen auf Tafel 3 gelegt, so daß eine Art Kreis mit der Doxologie entsteht.

Nach Abschluß dieser Arbeiten wird das Vaterunser gelesen und die Leporellos auf die Leitworte der Tafel 3 gelegt. Dann können die biblischen Geschichten gelesen oder erzählt werden (Kinder oder Lehrer). – Weiterführende Anregungen sind: Herstellung eigener Bildelemente zu den Teilen des Vaterunser-Kreuzes, die die Lebenswirklichkeit der Kinder mit einbeziehen; Sammeln entsprechender Kunstpostkarten; Erzählen weiterer (biblischer) Geschichten.

Das Material erfüllt bestimmte Kriterien an Freiarbeitsmaterialien (Gute Strukturierung; immanente Fehlerkontrolle); aber es enthält schwerwiegende Mängel:
- Im Blick auf die Arbeit der Kinder: Die Aufgaben der Zuordnung der Kärtchen zu den Tafeln sind so anspruchslos, daß sie wahrscheinlich schon Kinder im ersten Lesealter unterfordern; andererseits: Wenn die Arbeit mit den Bildkarten nicht völlig mechanisch erfolgen soll, müßte eine recht gute Bibelkenntnis vorausgesetzt werden, die sicher bei den wenigsten Kindern gegeben ist. Außerdem fehlt eine Anleitung, die die selbständige Arbeit ermöglicht.

– Im Blick auf den Inhalt ist kritisch anzumerken, daß eine so enggeführte Beschäftigung der Lebendigkeit und Vielschichtigkeit des Vaterunsers kaum gerecht wird.

2. *Beate Bruns, Religionskartei I: Altes Testament, Verlag der Agentur Dieck. Heinsberg 1990.*

Das Material setzt sich aus 4 Elementen zusammen:
– Die *Religionskartei* besteht aus 16 DIN A4 Karten, glanzfolienkaschiert und beidseitig bedruckt. Sie enthalten Bilder und Texte zu Themen des Alten Testaments: Schöpfung, Sintflut, babylonischer Turm, Abraham, Josef, Mose.
– Die *Kopiervorlagen* stellen vor allem Ausschneidebögen für Tiere der Arche Noah bereit sowie Lückentexte zur Wissensprüfung.
– Das Arbeitsheft „Josefs Geschichte" (Leseheft, 16 S.) bietet auf jeder Seite drei Elemente an: Einen Textabschnitt, eine Zeichnung (wohl zum Anmalen bestimmt) und einen Lückentext zur Überprüfung des Textes (immanente Fehlerkontrolle erfolgt mit einem beigefügten „Lösungsblatt").
– Die *Lehrerhandreichung* stellt im wesentlichen methodische Vorschläge zur Verfügung.

Die technische Qualität des Materials ist sehr gut; freiarbeits- und fachdidaktisch bleiben Fragen offen: Die Arbeitsanleitungen sind oft schwer verständlich, manchmal fehlen sie ganz; die Vorschläge beziehen sich oft auf reproduktives Lernen (die Lückentexte!). Die erkennbaren Kriterien von „Freiarbeit" sind die Arbeitsanleitungen und die „immanente Fehlerkontrolle". Ein offener Lernprozeß, der auf die Erkenntnis und Aneignung von Strukturen zielt, ist nicht einmal ansatzweise erkennbar. Im Blick auf die Inhalte vermißt man ein erkennbares religionspädagogisches Konzept; beispielsweise gibt es keinerlei Perspektive zu einem symbolischen Verständnis der Schöpfung.

3. *Hans-Reiner Preiss, Die Umwelt Jesu. Aktives Arbeitsmaterial, Verlag Die Schulpraxis, Mühlheim 1988.*

Auch dies Material wird im Rahmen der Freiarbeit angeboten. Die Mappe bietet eine Reihe von gut gestalteten Bild- und Arbeitsblättern.

Aber die didaktische Planung hat mit freier, aktiver Arbeit der Schüler nur wenig zu tun! Das zeigt sich schon am Aufbau der einzelnen Unterrichtseinheiten; ihn kennzeichnen Stichworte wie: Motivation – Begriffsbildung – Zielangabe – Erarbeitung – Anwendung – Ausklang. Leider gibt es auch nicht wenige sachliche Fehler in den Materialien (z.B. „Die Schriftgelehrten, die sich besonders gut in dem Gesetz Mose auskannten, nannte man auch Pharisäer" – S. 60!). Ganz unerträglich aber sind moralisierende Passagen, z.B. die Erzählung, daß Jesus seinen Eltern durch Hilfsbereitschaft Freude gemacht habe; die Schüler werden aufgefordert, auch ihren Eltern zu helfen (Gutschein für 1 Woche helfen – „niedrige Aufgaben" wählen!). – Hier kehrt sich die Grundintention der Freiarbeit – Befähigung der Schüler zum selbstbestimmten Lernen und Leben! – geradezu grotesk ins Gegenteil!

4. Verschiedene Materialien zur Festigung von Faktenwissen.

Dies ist leider das am häufigsten angebotene Material: In den verschiedensten Formen und Aufmachungen werden Quiz-Fragen aneinandergereiht, in der Regel zu Faktenwissen aus dem biblischen Bereich. Es werden u.a. angeboten: Quiz-Karten; Dominos; Triminos; Schiebe-Streifen... Das Schema ist immer gleich: Eine Frage wird gestellt (Beispiele: „Was geschah am 3. Schöpfungstag?" – „Wieviele Stämme umfaßte das Volk Israel?" – „Wo verwandelte Jesus Wasser in Wein?"), die Antwort findet sich dann auf der Rückseite des Kärtchens, der Drehscheibe, des Pappstreifens usw. Eine spezielle Methode fanden wir in einem Artikel zur Freiarbeit im Religionsunterricht (In: RU-spezial. Hilfen für den jahrgangsübergreifenden Unterricht. Hrsg. vom Religionspädagogischen Institut der Ev. Landeskirche in Baden. Folge 4/1992): Die erledigten Kärtchen werden durch einen Schlitz im Deckel in eine Dose geworfen, jeweils begleitet durch den Reim:

Das Kärtchen in der Dos' erklingt,
die Antwort in den Kopf reinspringt!

Wenn dies auch ein besonders mißratenes Beispiel sein mag – insgesamt ist in solchen Materialien kein freiarbeits- und fachdidaktisches Konzept zu erkennen – sie gehen davon aus, daß „Wissensspiele" bei den Kindern beliebt sind.

Diese vier Beispiele zeigen, daß die Herstellung von qualifiziertem Freiarbeitsmaterial für den Religionsunterricht noch sehr am Anfang steht und auf Innovationsimpulse angewiesen ist.

(Dies Kapitel greift teilweise auf einen in der Zeitschrift *ru* erschienen Aufsatz zurück: Berg, 1994).

5. Aufmerksam leben
Übungen der Stille und der Meditation

1. Zum Ansatz

Die in diesem Kapitel angesprochenen Themen greifen den Gedanken auf, daß die Montessori-Pädagogik den Heranwachsenden die Chance eröffnet, zu sich selbst zu finden, ihre Identität zu entdecken und Ich-Stärke zu entwickeln. Der eine Weg zur Einlösung dieser Chance ist das Lernen in Freiheit, vor allem in der Freiarbeit; diesen Weg haben wir in Kapitel 4 dargestellt. Der andere Weg ist die Unterstützung bei der Wahrnehmung der eigenen Person. Er soll in diesem Kapitel entfaltet werden.

Maria Montessori hat in diesem Zusammenhang vor allem die Kultur der Stille im Auge; hier können wir ihre Vorschläge zu den Stille-Übungen aufgreifen. In unserer Welt der hektischen Zeitzerstörung, der Überschwemmung mit lauten Signalen und groben Reizen wird es außerdem darauf ankommen, die Heranwachsenden wieder für die differenzierte Wahrnehmung der Außenwelt zu sensibilisieren, um das stumpfe Vor-sich-hin-Leben wieder für die Fülle und Tiefe des Daseins und des eigenen Lebens zu öffnen (vgl. zu diesem Ansatz auch Kapitel 3, S. 97). Hier können wir uns auf den Bereich der Sinneserziehung in der Montessori-Pädagogik stützen.

Entsprechend diesem Ansatz gliedert sich das Kapitel in Überlegungen zur Stille und zur sinnlichen Sensibilisierung. Diesen grundsätzlichen Erwägungen folgt die Darstellung von Methoden in vier Praxisfeldern:
– Übungen zur Stille und sinnlichen Sensibilisierung;
– die Stille-Ecke;
– Möglichkeiten der Meditation und Andacht in der Gruppe;
– Verknüpfung mit Unterrichtsthemen.

2. Zur Kultur der Stille

Maria Montessori hat sich schon sehr früh mit dem Phänomen beschäftigt, daß die – scheinbar „von Natur aus" – unruhigen und lauten Kinder die Stille lieben. Auch diese Erkenntnis geht auf eine der „diclosure"-Erfahrungen in San Lorenzo zurück (s.o. Kapitel 1, S. 16). Sie hat sie immer wieder erzählt. Am bekanntesten ist wohl die Version in „Kinder sind anders". (8, 128ff) Noch reizvoller ist allerdings eine Darstellung in einem 1938 gehaltenen Vortrag. (15, 149ff) Ein größerer Ausschnitt soll dies verdeutlichen:

„Unter ganz bestimmten Umständen habe ich die Kinder aufgefordert, sich nicht zu bewegen. Ich trug nämlich in den Armen ein ganz kleines Kind von vielleicht vier Monaten, das völlig eingewickelt war; es war wach, aber ganz ruhig.

Da wollte ich ein kleines Spiel machen. Ich sagte den Kindern: ‚Na, ihr werdet eure Beine nicht so stillhalten können wie dieses kleine Baby!' Und ich glaubte, daß alle mir mit Lachen antworten würden. Das war es, was ich erwartete, da ich eben einen Scherz machen wollte, weil natürlich eine eingewickelte Person leichter stillhalten kann als eine bewegungsfreie.

Doch ich bemerkte zweierlei: daß die Kinder nicht nur versuchten, sich so ruhig wie möglich zu verhalten. Sie machten in der Tat etwas, was Sie nicht tun würden, aber natürlich haben Sie nicht dieses Baby gesehen: die kleinen Kinder setzten ihre Beine mit den Füßen ganz zusammen. Da hat mich dies natürlich verwundert; und überdies zeigten sie alle sehr ernste, sehr interessierte Gesichter. Jetzt suchte ich noch einen Scherz zu machen und sagte: ‚Ja, aber ich möchte noch etwas anderes sagen, das ihr sicher nicht machen könnt; hört ihr den Atem dieses kleinen Kindes? Man hört ihn wirklich nicht! Ihr würdet nicht auf so leise Art atmen können!' Nun würden die Kinder, glaubte ich, spätestens gelächelt haben. Aber im Gegenteil, die Gesichter der größeren waren ganz ernst, und sie machten alle eine Anstrengung, ihren Atem zurückzuhalten. Sehen Sie, und da trat die Stille ein.

Und diese Stille war eine Offenbarung. Ich hätte doch nicht gedacht, daß diese kleinen Kinder diese geheimnisvolle einfache Sache, welche die Stille ist, derart lieben würden. Jetzt begann ich zu verstehen, daß darin etwas verborgen lag. Das war hier etwas anderes, es war nicht die Tatsache, daß ich das kleine Baby in meinen Armen hatte, sondern es war hier *ein Phänomen* eingetreten. Da begann ich zu fragen, ob sie die Stille da an diesem Tag liebten, und sie sagten alle: ‚Ja!' Und dann sagte ich: ‚Wollen wir sie halten?' Und sie wünschten es sehr. Vielleicht waren sie glücklich gewesen bei diesem Schweigen, aber sie hatten nicht verstanden, wie das kommt. Nun, um die Stille zu haben, darf man sich einfach *nicht bewegen. Und um sich nicht zu bewegen, muß man an alles denken, was sich bewegen könnte.* Man muß also die Beine und die Füße ganz still halten, auch die Hände und den ganzen Körper, daß man kein Schnaufen vernimmt. Hier (sc. bei den Zuhörern des Kurses) würde es sehr schwierig sein, dies zu erreichen, aber wenn Sie wollen, könnten wir es versuchen. Vielleicht ... haben Sie nicht diesen Wunsch, völlig zu gehorchen, weil z. B. jemand von Ihnen fortfährt, Notizen zu machen, das gibt ein Geräusch. In der Tat haben wir manchmal versucht, die Stille gut zustande zu bringen. Aber gewöhnlich machte jemand Notizen, und man konnte das nicht verhindern, und das muß sich vervollkommnen." (152-154)

An diesem Text sind einige Punkte sehr bemerkenswert (der ganze Vortrag und andere Ausführungen Montessoris wurden zusätzlich herangezogen):

– Montessori stellt fest, daß Kinder das Schweigen brauchen und es darum lieben (sie spricht einmal von „geistiger Freude", die die Stille bei den Kindern auslöst: 8, 129);

– die Stille ist wichtig für die Entwicklung der Persönlichkeit; die Kinder erleben den Vorgang der inneren Disziplinierung, sie werden Herr ihres Körpers und sind damit auf dem Weg, „Meister ihrer selbst" zu werden (In „Entdeckung des Kindes" spricht sie davon, daß die Stille-Übungen – ebenso wie die Beherrschung der Lern-Materialien – den Kindern die Erfahrung vermitteln, „auf eine höhere Ebene" zu gelangen, intensiver, bewußter zu leben: 1, 194ff).

Diese innere Disziplinierung hat nichts mit erzwungener schulischer Disziplin zu tun – dies betont Montessori immer wieder. (z.B. 15, 149f)

– Sie stellt fest, daß die Stille-Übungen die sensorische Wahrnehmung verfeinern, vor allem im Blick auf Geräusche. Maria Montessori beobachtete, daß diese Fähigkeit zur Selbstkontrolle und Konzentration durch Wiederholung geübt werden müssen – wie ja überhaupt die freie Wiederholung und Übung ganz wesentliche Grundzüge ihrer Pädagogik sind.

Sie verband dann die Stille-Übungen mit motorischer und sensorischer Schulung: Sie rief die Kinder leise mit Namen und bat sie, so leise wie möglich zu ihr zu kommen. Die Kinder lernten, auf feine, leise Eindrücke zu achten und sich leise und konzentriert zu bewegen. Diese sensorischen und motorischen Aufgaben sind selbst ein Teil der Stille-Übungen; besonders bekannt geworden ist das „Gehen auf der Linie" (vgl. Kapitel 2, S. 59). Die von Maria Montessori erstrebte Kultur der Stille ist insgesamt darauf ausgerichtet, das Konzentrationsvermögen der Kinder zu stärken, ihre motorischen Fähigkeiten zu schulen und ihnen damit behilflich zu sein, sich selbst zu finden und die eigenen seelischen Kräfte zu entfalten.

Stille-Erfahrungen und Stille-Übungen können allerdings nur in einem Lern-Klima gedeihen, das nicht völlig verzweckt ist, sich Freiräume der Muße offenhält. Ich denke an eine Schule, in der nicht nur leistungsbezogene Aktivitäten etwas gelten, in der Erfolgsstreben nicht zum Erfolgszwang verkommt und „Hand und Herz" das gleiche Gewicht haben wie der „Kopf". Dabei ist die Beziehung durchaus ambivalent zu sehen: Ein solches Lernklima ist einerseits Voraussetzung der Stille – und andererseits setzen Stille-Erfahrungen auch einen „Gegen-Pol" (Faust-Siehl, 1990, 32) in der erdrückenden Atmosphäre verzweckten kognitiven Lernens. Diese heilsame Wirkung kann sich allerdings nur entfalten, wenn die Stille-Übungen nicht nur eine „Insel der Seligen" sind, auf die man sich für ein paar Augenblicke flüchten kann, wenn der Druck des Schulalltags zu groß wird, sondern wenn sie in das ganze Zusammenleben der Klasse ausstrahlen – vielleicht in der Form, daß man immer wieder fragt: Was ist wirklich wichtig? Was brauchen Kinder wirklich, um sich zu entfalten? Das kann Lehrern und Schülern ein wenig mehr Gelassenheit und Geduld geben.

In der Gegenwart hat die Beschäftigung mit Stille-Übungen große Aufmerksamkeit gefunden. Als einer der ersten hat Hubertus Halbfas die Bedeutung einer Kultur der Stille für das Schulleben erkannt (vgl. vor allem: die Handbücher zum Grundschul-Unterrichtswerk – Weitere empfehlenswerte Beiträge zum Thema s.u. S. 188). Halbfas geht von den Impulsen der Montessori-Pädagogik aus, bezieht aber Elemente der mönchischen Tradition mit ein. Dort gibt es ja, wie in vielen Religionen, eine reich entwickelte Kultur des Schweigens. Sie soll zur Besinnung auf sich selbst, zur Konzentration auf die „Lebensmitte“ und letztlich auf den Weg zu Gott führen.

Die religiöse Dimension der Stille zeigt sich nicht erst im Licht der mönchischen Tradition; J. Dingeon teilt den Satz einer Erzieherin mit: „Alle sind außer sich. Wie soll man Gott begegnen, der in uns ist, wenn es uns nicht gelingt, uns in uns selbst zurückzuziehen, um uns zu sammeln?“ (Nach Betz/Kettler/Becker, 1973, 206) Und Felicitas Betz notiert: „Gott ist das Leiseste, das es gibt auf der Welt.“ (207) Den intensiven Zusammenhang von Stille, Selbstwahrnehmung und religiöser Erfahrung kann man auch so ausdrücken: Wenn der Glaube bedeutet, daß ich angesprochen bin, muß ich zuerst mich selbst wahrnehmen. Nur wer ICH sagen kann, nimmt das DU wahr. Dieser Satz greift auf ein fundamentales Ziel der Montessori-Pädagogik zurück, dem Kind durch die Erfahrung selbstbestimmter Entwicklung das Wachstum gelassener, bindungsfähiger Ich-Stärke zu ermöglichen (s.o. Kapitel 2, S. 45; Kapitel 3, S. 107).

3. Zur Sensibilisierung der Sinne

Wer still wird, nimmt aufmerksam auf, was um ihn herum ist, lernt, intensiver zu leben. Die Wahrnehmung wird bewußt verlangsamt und damit geschärft; so bahnt sich auch ein neues Verhältnis zu den Dingen an; Stille-Übungen werden darum durch Übungen zur intensiven Wahrnehmung ergänzt, wie es bei Maria Montessori angelegt ist. Daran sind uns zwei Aspekte wichtig:

3.1. Eine bewußte Einstellung zum Leben gewinnen

Bei der Sensibilisierung geht es nicht um bestimmte Techniken, sondern um die Gewinnung einer bestimmten Einstellung zum Leben. Es gilt, das stumpfe, selbstverständliche Dahinleben aufzubrechen: Wer die Erde nicht mehr als das wahrnimmt, was uns trägt, wer den Geschmack eines Herbsttages nicht mehr wahrnimmt, den Geruch einer Rose nicht mehr schmeckt, das Zirpen der Grille überhört ..., der ist geplagt von einer „Verdünnung und Verdürftigung des Lebensgefühls". (Betz, 1977, S. 21) Wie soll ein solcher Mensch glauben und beten können – dankend, leidend? Elisabeth Moltmann-Wendel notiert einmal: „Was sinnenlos ist, wird auch bald sinnlos." Wer auf die Fülle der Wahrnehmungen aufmerksam wird, macht die Erfahrung, daß unsere Welt voller Anlässe zum Staunen und zum Danken ist – für uns Erwachsene noch schwerer zugänglich, weil die Kinder sich noch eher wundern können als wir.

Der Kabarettist Hanns-Dieter Hüsch hat dies in einem seiner Programme einmal so formuliert. (Hüsch, 1985, 136) Er träumt von einer „kleinen Republik", in der es menschlicher zugeht:

„Wir haben sogar eine Staun-Schule
In der Kinder
Erwachsenen
Wieder das Staunen
Beibringen."

Schauen wir, daß wir diese Dimension nicht zerstören, sondern fördern. Letztlich geht es um die Hilfe zum Lebenlernen.

„Bewußt leben
geschieht also aus einer andächtigen Haltung heraus,
die ganz auf Empfangen eingestellt ist,
heißt langsame Wahrnehmung durch die Sinne,
verweilende Aufmerksamkeit aus der Herzensmitte,
und ist der Versuch,
einer Wahrnehmungserfahrung mittels Sprache
noch näher zu kommen." (Dörig, 1983, S. 23)

3.2. Die Dinge in ihrer Tiefe als Symbole wahrnehmen können

Die aufmerksame Wahrnehmung dringt durch die Oberfläche der Dinge; sie werden durchsichtig für ihre symbolische Qualität (z.B. das Wasser für Grunderfahrungen wie: Durst; Erfrischung; Reinheit usw.). Diese „Diaphanie" ist eine der wichtigsten Voraussetzungen für das Symbol-Lernen (dazu vor allem Betz, 1977 und 1987). Hier wird die stumpfe Eindimensionalität des Denkens und Fühlens aufgebrochen, fangen Außen- und Innenwelt an, fruchtbar miteinander zu kommunizieren (vgl. dazu das schöne Buch von Karl-Heinz König: 1993). Ohne die Fähigkeit, die Wirklichkeit und vor allem die Sprache symbolisch zu verstehen, ist aber der Religionsunterricht, aber ich denke, letztlich jeder erziehende Unterricht, zum Scheitern verurteilt.

Wir versuchen, das zunächst im Blick auf das Verständnis von Bibeltexten zu verdeutlichen: Wer nicht gelernt hat, beispielsweise die Sündenfallerzählung als tiefes Symbol für die Erfahrung von Schuldverstrickung und Versagen zu verstehen, wird immer an der Frage hängenbleiben, ob man an das Sprechvermögen von Schlangen glauben kann – und damit das Geheimnis, den Anspruch dieser Erzählung nie zu Gesicht bekommen. Das gleiche gilt ja für jeden Umgang mit Sprache, Dichtung, Kunst. Symbolfähigkeit ist aber auch unentbehrlich, wenn wir Ausdrucksmöglichkeiten suchen, Gefühle auszudrücken, Erlebnisse und Erfahrungen, die wir machen, zu gestalten und zu verarbeiten. Wir setzen wieder bei einem biblischen Beispiel an: Der Religionspädagoge Ingo Baldermann hat herausgefunden, daß die Symbolsprache der Psalmen Kindern, aber auch Erwachsenen, Bilder zur

Verfügung stellt, mit denen sie ihre Ängste gestalten können. (Baldermann, 1986 und 1990) Eine eindrucksvolle Bestätigung war die Arbeit mit Psalm 22 in einem 2. Schuljahr im Rahmen des Themas „Angst“:

„Mein Gott, mein Gott, warum hast du mich verlassen? ...
Mich umgeben mächtige Stiere,
Büffel von Basan umringen mich.
Sie sperren den Rachen gegen mich auf
wie ein reißender, brüllender Löwe. ..
Wildhunde lagern rings um mich,
und mich umkreist die Rotte der Übeltäter...“

Der Beter faßt seine Ängste in die Symbolik bedrohlicher Tiere. Wir griffen diese Symbolik in der Arbeit mit der Klasse in Form eines Statuentheaters auf: Ein „schlafendes“ Kind wurde von lauter Bestien umstellt. Und auf einmal waren diese unruhigen, teils gestörten Kinder fasziniert von der Macht dieser Angstsymbole, konnten wohl auch die eigenen Erfahrungen darin unterbringen. Wo diese Möglichkeiten nicht gegeben sind, kommt es zu destruktiven Wirkungen von Erfahrungen und Gefühlen, zu Verdrängungen und Projektionen – ein Wurzelboden für Ichschwäche und Gewaltbereitschaft.

Diese Symbolfähigkeit wird durch aufmerksame, bedachte Wahrnehmung der Wirklichkeit gestärkt. Martin Buber hat gesagt: „Kein Symbol hat echtes Sein im Geiste, wenn es nicht echtes Sein im Leibe hat.“ (zitiert bei Betz, 1987, S. 7) Diese Aussage unterstreicht die Bedeutung der Sensibilisierungsarbeit; denn nur wer gelernt hat, die Welt um sich aufmerksam und intensiv wahrzunehmen, kann zur Tiefenschicht vordringen. Wer beispielsweise einen Baum bewußt be-greifen konnte – durch Schauen, Berühren, Riechen – der wird in neuer Weise aufgeschlossen für den Baum als Symbol eines gedeihenden, gelingenden Lebens (Psalm 1). Maria Montessori spricht in diesem Zusammenhang von der „Schaukraft der Liebe“, die auch im scheinbar unbedeutenden und wertlosen Detail die Schönheit und Ordnung der Schöpfung wahrnimmt. Diese Liebe soll nach der Idee Maria Montessoris nicht auf Gegenstände begrenzt bleiben, sondern das menschliche Gegenüber einbeziehen. (8, 108ff)

Damit kommt ein letzter Gedanke zum Aspekt „Aufmerksam leben" in den Blick: Zum intensiven liebevollen Schauen gehört auch, nicht nur die Außen-, sondern auch die Innenseite von Menschen wahrzunehmen: sensibel werden für die Seele meines Gegenübers, seine Fragen spüren, seine Hoffnungen, Ängste wahrnehmen, aufmerksam und sorgsam miteinander umgehen (Übungen zur Verstärkung solcher Empathie haben wir im Material zum Thema „Wirklichkeit ist vieldeutig" unter Nr. 11 und 12 vorgesehen).

4. Zur Praxis

Allerdings ist die Umsetzung der Stilleübungen und der Angebote zur Sensibilisierung heute keine leichte Aufgabe. Die Kinder werden überschwemmt mit groben Reizen, die sie zur feinen, aufmerksamen Wahrnehmung unfähig machen. (z.B. verursacht der in Discotheken übliche überlaute Geräuschpegel nachweislich Hörschäden; oder: Wie soll ein Kind, das ständig von den groben Gerüchen der Pommes-Frites-Buden oder der Hamburger-Küchen umwabert wird, noch den feinen Duft einer Wiesenblume aufnehmen?) Damit aber geraten sie mehr und mehr in den Sog von Streß und Hektik, der immer neue, schärfere Stimulantien braucht. Darum ist die Einübung in aufmerksames Leben eine notwendige, aber anstrengende Arbeit des Unterrichts, und nicht zuletzt des Religionsunterrichts.

4.1. Übungen zur Stille und sinnlichen Sensibilisierung

a. Zur Stille

Zur Ruhe kommen und ruhiges, aufmerksames Wahrnehmen sind kein einmaliges, punktuelles Geschehen, sondern ein langer Prozeß, darauf macht der Ausdruck „Stille-*Übungen*" aufmerksam; Montessori und andere Autoren weisen immer wieder darauf hin, daß diese Übungen häufig wiederholt werden müssen, damit die Erfahrung wächst, daß sie wohltun. Eben diese Erfahrung, daß Stille guttut, sorgt auch dafür, daß die Übungen nicht zur erzwungenen Routine verkommen, sondern selbst schon Teil der guten Erfahrungen sind. Die Übungen können durchaus auch die Entwicklung gewisser Gewohnheiten, ja Rituale einschließen, z.B. der leise Anruf der Kinder mit Namen, die ruhige Vorbereitung der Sitz-Runde (Kissen holen, Platz suchen ...).

Die Methoden müssen hier nicht breit dargestellt werden, da es mittlerweile ein ansehnliches Angebot qualifizierter Praxis-Literatur gibt (Vgl. die kleine Zusammenstellung innerhalb der Literatur-Liste). Wegen des relativ hohen Bekanntheitsgrades von Stille-Übungen begnügen wir uns mit den folgenden knappen Hinweisen. Letztlich machen wir uns, wenn wir uns um Stille mühen, mit den Kindern auf den Weg zur Selbstwahrnehmung. Man kann drei Stufen unterscheiden:

1. Stufe: Intensivere Wahrnehmung der Außenwelt
   (Die leisen Geräusche)

Es erübrigt sich fast, darauf hinzuweisen, daß solche Übungen niemals in größeren Zeitblöcken durchgeführt werden können, sondern immer nur wenige Minuten lang. Zunächst geht es um die Intensivierung des Hörens. Einige Vorschläge:

Grundübung:
Der Unterrichtende bittet die Kinder, sich völlig ruhig zu verhalten und genau auf die Geräusche zu achten, die sie wahrnehmen: im Klassenraum – im Schulgebäude – außerhalb des Gebäudes. Sie berichten (bei ungeübten Gruppen ist es ratsam, vor dem Gedankenaustausch darauf hinzuweisen, daß die Ruhe der Stille-Übung möglichst auch im Gespräch Platz haben sollte!).

Hier kann es durchaus mehrere Durchgänge geben, bei denen die Schüler – hoffentlich – feststellen, daß sich die Wahrnehmung intensiviert. Hilfreich ist der Hinweis, die Augen zu schließen – Ausschaltung eines Sinnes schärft den anderen! Die weiteren Übungen verbinden sich mit spielerischen Elementen:

Das Muschel-Spiel
Der Unterrichtende bringt eine Muschel mit. Wer will, darf daran hören (leise auf Zuruf zum Unterrichtenden kommen,

die Muschel holen) und sich vorstellen, daß er/sie eine Phantasie-Reise (ans Meer) macht. Die anderen sind ganz leise; wer mag, darf anschließend erzählen (dies Spiel findet bei Schülern meist großen Anklang; es wird in den folgenden Stunden immer wieder angeboten, so daß alle die Möglichkeit zum Mittun finden).

Auf Töne hören
Die Kinder sitzen im Kreis (wenn möglich, auf dem Boden. Kleine Teppich-Stücke besorgen!). Der Unterrichtende schlägt einen leisen Ton an (Triangel; Gitarre); alle schließen die Augen; beim zweiten Ton werden die Augen geöffnet.

Begegnen
Die Kinder sitzen im Kreis; ein Kind schlägt mit einem Instrument einen Ton an, bringt ihn (leise, langsam!) einem anderen Kind, das ihn „weitertragen" darf.

Klängen nachgehen
Einmal können Kinder sich zu ihrem Namen einen typischen Klang aussuchen, mit dem sie im Rahmen von Stille-Übungen gerufen werden möchten (z.B. Dreiklang); oder: von verschiedenen Plätzen des Klassenzimmers aus ertönen verschiedene Klänge; die Kinder dürfen leise zu dem Klang gehen, der ihnen am besten gefällt.

Klanggeschichten erzählen
Bestimmte Erfahrungen oder Personen verbinden sich mit bestimmten Klängen; dazu gehört auch das Verklanglichen von biblischen Geschichten oder Psalmen (vgl. die Hinweise zur Arbeit mit Psalmen: S. 98; 123; 128)

2. Stufe: Intensivere Wahrnehmung des eigenen Körpers (Blut; Atmung)

Die Kinder werden bei einer Weiterführung der Grundübung gebeten, einmal genau auf ihren Körper zu achten. Sie können hören, wie das Blut rauscht; sie nehmen ihren Atem bewußt wahr. (Hierbei kann eine einfache Übung unterstützen: Auf dem Rücken liegen, die Hand auf den Bauch legen, die Bewegung des Atems wahrnehmen).

Der Unterrichtende kann auch auf die unterstützende Körperhaltung aufmerksam machen (wie sitzt man möglichst entspannt?). Vielleicht finden die Kinder heraus, wie ihre Muskeln reagieren und nehmen verschiedene Zustände als Spannung – Entspannung wahr.

3. Stufe: Stille-Übungen als Weg nach Innen

Jetzt werden die „Stille-Übungen" unter dem Aspekt der Selbsterfahrung weitergeführt. Der Unterrichtende erklärt, daß es darum geht, nicht nur auf den eigenen Körper, sondern auf die „Seele", das Innere, aufmerksam zu werden. Er gibt einige Spielregeln vor:

– Es ist sinnvoll, einen Sitzkreis zu bilden, am besten, auf dem Boden (Boden-Kontakt; Möglichkeit der Entspannung; günstig ist es, kleine Teppichstücke bereitzuhalten).

Der Unterrichtende setzt sich zuerst und ruft die Kinder leise mit Namen. Regel ist: Sich langsam und leise bewegen.

– Der Lehrer erklärt, daß es darauf ankommt, sich ruhig zu verhalten, aufeinander zu hören ...

Man kommt zur Ruhe, läßt sich vom Körper ins Innere führen, z.B. durch den Gedanken: Warum bin ich noch unruhig? Was stört mich? Für sich selbst – oder auch mit älteren Schülern – könnte man versuchen, die Selbst-Wahrnehmung mit den Fragen der Gestalttherapie zu unterstützen, indem man leise spricht:

- „Was tue ich?
- Was fühle ich?
- Was möchte ich?
- Was vermeide ich?
- Was erwarte ich?" (vgl. Perls, 1976, S. 94).

Nach der Stille-Phase besprechen die Kinder ihre Erfahrungen, äußern, ob ihnen die Übungen gefallen. Auf jeden Fall sind die Stille-Übungen in den folgenden Stunden immer wieder aufzugreifen. Die Gruppe kann verabreden, daß die Kinder, die sich in der kommenden Zeit eine Stille-Übung wünschen, ein Symbolbild dafür aufstellen dürfen.

b. Zur Sensibilisierung der Wahrnehmung

Hier ist wieder viel von der Montessori-Pädagogik zu lernen! Sie bietet ja ein breites Spektrum von Möglichkeiten zur Verstärkung der sinnlichen Wahrnehmung. Grundsätzlich können hierfür alle Sinnesmaterialien der Montessori-Pädagogik herangezogen werden. Doch sind diese vermutlich nicht immer greifbar, und für manche Übungen in der Gruppe bieten sich auch andere Materialien an; dazu geben die folgenden Vorschläge Beispiele an.

Noch eine ganz allgemeine Bemerkung: Übungen zur aufmerksamen Wahrnehmung sollten sich deutlich abheben von den beliebten Rate-Spielen, in denen Gegenstände, Geräusche usw. im Wettkampf erraten werden.

Wenig sinnvoll scheint auch der häufig geäußerte Vorschlag, mehrere Methoden zu kombinieren, z.B. die Verbindung von Seh-Übungen mit Musik; dies führt gerade wieder zur Zerstreuung und stört die Konzentration auf *eine* intensive Wahrnehmung.

(1) Hören

Dieser Bereich wurde schon bei den Stille-Übungen angesprochen.

(2) Sehen

Beispiel: Steine und Blätter anschauen

Die Kinder haben jeder einen Stein und ein Blatt mitgebracht. Sie setzen sich im Kreis auf den Boden und legen die Gegenstände in die Mitte; sie schauen sie in Ruhe an und tauschen ihre Beobachtungen aus.

Wichtig ist vor allem, das Kleine, Unscheinbare wahrzunehmen (mit der „Schaukraft der Liebe"!): Der Sonnenblumenkern kann die Geschichte der Blume erzählen, der kleine Kieselstein etwas aus der Geschichte der Erde verraten ...

Beispiel: Konzentration auf Ur-Formen

Das Sehen kann durch Beschäftigung mit Ur-Formen vertieft werden. Dafür wird das Rad gewählt. Der Unterrichtende bringt durchgeschnittene Früchte mit (Gurken- oder Tomatenscheiben) und legt sie in die Mitte. Die Schüler schauen sie ruhig an; evtl. kann mit einer geübten Gruppe die erkannte Form nacherlebt werden, indem die Kinder sich in der Form des „Rades" im Raum aufstellen. – In einem zweiten Schritt gestalten die Kinder ein Mandala (Beispiel vorgeben – die Form im Gespräch noch einmal als harmonisch und „Stille-fördernd" bewußt machen; auf die Wahl der Farben hinweisen, die ihrer Wahrnehmung entsprechen!).

Beispiel: Man kann auch mit dem Herzen sehen
Der Unterrichtende zeigt ein Foto eines traurigen Kindes. Die Kinder merken, daß man aus der Körpersprache ablesen kann, daß es dem Kind nicht gut geht. Sie erzählen kleine Geschichten zum Foto. Sie (sollten) entdecken, daß das Bild nicht nur ihre Augen anspricht, sondern auch ihr Herz: Das Kind braucht Hilfe. Die Schüler erhalten ein Blatt mit dem Foto und können es bearbeiten (Beschreiben der Situation, Möglichkeiten zum Helfen).

Eine sehr gute Möglichkeit, im Rahmen der Aufgabe: *Aufmerksam Leben* die Symbolfähigkeit und auch Meditationsfähigkeit zu schulen, ist die Beschäftigung mit Kunst. Ich denke dabei nicht an die beliebten, zu religiösen Zwecken hergestellten Abbildungen, die überall in Religionsbüchern und Arbeitshilfen zu finden sind (Habdank!), sondern an authentische Kunst. Diese ist mehrschichtig, deutungsoffen, regt eigene Gedanken und das Bedenken von Erfahrungen an. Besonders gut eignet sich nach unserer Erfahrung nichtgegenständliche Kunst.

Das aufmerksame Sehen kann vor allem auch durch das eigene kreative Tun verstärkt werden, insbesondere eignet sich das freie Malen. Es zeigt sich immer wieder, daß Kinder und Jugendliche in der Regel gern nicht-gegenständlich malen. Es scheint sich ihnen hier eine Möglichkeit anzubieten, ihre Gefühle und Gedanken schöpferisch auszudrücken und zu gestalten.

Eine Reihe von Gestaltungsaufgaben zum nicht-gegenständlichen Malen werden in den Vorschlägen für die Stille-Ecke vorgestellt (s.u.).

(3) Riechen

Beispiel: Düfte erkennen

Der Unterrichtende bringt Duft-Öle mit; die Schüler dürfen einzeln an einer Probe riechen und den Duft – nach einer Pause – einem Gegenstand zuordnen (z.B. Cajeput – Hustenbonbon; Lemongras – Zitrone; Honigöl – Honigglas ...).

(4) Tasten, Fühlen

Diese Übungen werden in der Regel in Einzelarbeit sinnvoll sein. Dafür haben wir ein spezielles Material entwickelt, das im Angebot für die Stille-Ecke enthalten ist („Gegenstände zum Nachdenken"). Es wird in Abschnitt 3.2. erläutert.

Für solche Fühl-Übungen gibt es viele Möglichkeiten; aus den Montessori-Materialien bieten sich die Tastbretter oder der Stoffkasten an (Der Stoffkasten enthält ein Anzahl von Stofflappen mit unterschiedlicher Oberfläche, er dient zur Verfeinerung des Tastsinns); zur weiteren Differenzierung haben wir ein Fühl-Domino entwickelt: Auf ein kleines Brettchen wurden jeweils zwei Materialien mit unterschiedlicher Oberfläche geklebt. Die Aufgabe besteht darin, mit geschlossenen Augen das Domino richtig auszulegen.

4.2. Die Stille-Ecke

Wie erwähnt, sind die Stille-Ecken in vielen Montessori-Einrichtungen nicht besonders anregend und einladend gestaltet (s.o. Kapitel 4, S. 143). Im Blick auf die räumliche Gestaltung hatten wir schon auf die Notwendigkeit hingewiesen, sie als echtes „Refugium" anzulegen, in dem ein Kind einmal für sich sein kann. Im Blick auf das Material sollte sie vielfältige Möglichkeiten und Anregungen zum Nachdenken und Meditieren, zum Einfühlen und Gestalten bieten.

Dafür haben wir ein Materialset (4.-7. Klasse) entwickelt, das bereits in Kapitel 4 vorgestellt wurde (vgl. die Übersicht auf S. 125). Die 12 Materialien bildeten dort das Gesamtangebot zum Thema „Mehrschichtigkeit von Realität"; Nr 2-12 gehören in die Stille-Ecke und wurden nur für das umfangreiche Thema mit dem Symbolkurs kombiniert.

Zunächst eine Vorbemerkung: In den Anleitungen ist jeweils deutlich vermerkt, daß immer nur *ein* Material genommen werden soll, also *ein* Bild, *ein* Text, *eine* Karte mit einem Gestaltungsvorschlag. Diese „mengenmäßige Begrenzung" geht auf die Montessori-Pädagogik zurück und hat die Funktion, die Konzentration zu fördern und der Meditation Raum zu geben. Nach unserer Erfahrung akzeptieren die Kinder die Beschränkung; die Auswahl eines Mediums aus dem größeren Angebot gelingt meistens überraschend schnell. – Die einzelnen Materialien (meist Karteikästen) enthalten mehrere Anleitungskarten, damit mehrere Kinder gleichzeitig damit arbeiten können. Karteikästen enthalten weiterhin Karten mit Arbeitshinweisen. Sie sind meist recht offen formuliert und heißen dann „Ideen-Karten"; bei Materialien, die eine genauere Anleitung erfordern, gibt es „Arbeitskarten". Einige der Materialien sollen exemplarisch vorgestellt werden.

– Die *Bilder zum Meditieren* bieten auf DIN A5-Karten Fotos mit deutlicher Symbolqualität an (z.B. eine Mauer, eine Treppe, Spuren im Sand). Ein Kind kann sich mit *einem* Bild in die Stille-Ecke zurückziehen. Bei diesem Material findet sich auf der Rückseite eines jeden Bildes ein Arbeitsvorschlag, um eine gewisse Hilfestellung zum Verständnis der Symbolbilder zu geben. Kinder werden angeleitet, das Bild zunächst einmal in aller Ruhe zu betrachten und auf sich wirken zu lassen und dann eine genaue Beschreibung zu geben. Dies präzise Schauen soll die Wahrnehmungsfähigkeit schulen und auch eine vorschnelle „Deutung" verhindern. Im Zuge der weiteren Auseinandersetzung mit dem Bild werden die Kinder dann angeregt, es mit eigenen Erfahrungen und Gefühlen in Verbindung zu bringen.

– Die *„Gegenstände zum Nachdenken":* Es werden in kleinen offenen Schachteln, die auf einem Tablett angeordnet sind, unscheinbare Gegenstände zum Betrachten angeboten. Jede Schachtel enthält *einen* Gegenstand wie z.B. ein Schneckenhaus, einen trockenen Zweig, einen kleinen Stein, ein Kastanie. Wichtig ist uns, daß es sich um alltägliche, einfache Gegenstände handelt; damit soll die „Schaukraft der Liebe" sti-

muliert und gleichzeitig dazu angeregt werden, im Alltäglichen nach der „Tiefenschicht" zu fragen. – Die Vorschläge leiten wieder zum ruhigen, geduldigen Schauen an; die Schüler werden auch aufgefordert, den Gegenstand zu fühlen, zu riechen. Sie sollen den Gegenstand „im Geist" malen, d.h. ohne ihn anzusehen. Sie werden auch angeregt, den Gegenstand als Symbol für die eigene Befindlichkeit wahrzunehmen (z.B. „Manchmal fühle ich mich wie ein Stein ... möchte ich mir am liebsten ein Schneckenhaus suchen ...").

– Die *„Texte zum Nachdenken und zum Beten"* bieten eine Auswahl an einfachen Gebeten und Meditationstexten (auf DIN A5-Karten aufgeklebt). Sie sind bewußt in schlichter, kindgemäßer Sprache gehalten und bemühen sich um „Bodenkontakt", d.h. um die Thematisierung von Alltagserfahrungen. Damit können sie eine Reflexion von Erfahrungen, Gefühlen und Gedanken im Horizont des Glaubens anstoßen. – Eine spezielle Form bieten die „Gebete einer Maus". Sie schildern aus der Sicht einer kleinen Maus alltägliche Erlebnisse, die sie erfreuen und belasten und die sie im Gebet vor Gott bringt (den sie immer als *Dios mio* anredet). Die Texte sind den Erfahrungen von Kindern sehr nahe; sie regen zum Nachdenken an und sie zeigen, wie das Nachdenken über das Leben im Hinblick auf Gott trösten und ermutigen kann.

– Die „Ideen" beziehen stark handlungs- und gestaltungsorientierte Aktivitäten ein (z.B. laut lesen; abschreiben und gestalten; ein eigenes Gebet-Heft anlegen ...).

– Das Material *„Gefühle malen"* bietet Anregungen zum Gestalten von Empfindungen. Die Karten (DIN A7 in einem Karteikasten) geben Begriffe vor, die Gefühle ausdrücken (z.B. Angst; Geborgenheit; Freude; Unruhe ...). Die Kinder werden angeregt, diese Gefühle nicht-gegenständlich mit Formen und Farben zu gestalten. Damit bekommen sie ein Ausdrucksmittel in die Hand, das sie dabei unterstützt, reflektierter mit ihren Gefühlen umzugehen. Gleichzeitig können sie lernen, künstlerische Äußerungen auf ihre Symbolqualität hin zu betrachten. – Weiter enthält das Material den Vorschlag, das fertige Bild für eine Weile in einen Klassenordner „Gefühle malen" einzuordnen (thematisch gegliedert). Die Kinder können mehrere Bilder zu einem Thema anschauen, Empathie entwickeln oder auch die eigene Gestaltung hinterfragen.

4.3. Möglichkeiten der Meditation und Andacht in der Gruppe

Die Materialien für die Stille-Ecke enthalten zahlreiche Vorschläge, einzelne Medien für ein eigenes Heft zu übernehmen, z.B. ein Gebet abzuschreiben, ein Bild abzumalen, unter Umständen auch eine Fotokopie herzustellen. Auch die eigene Gestaltung verlangt nicht selten nach einer eigenen Mappe, einem Ringbuch usw.

Immer wieder kommt es vor, daß Kinder von sich aus den Wunsch äußern, ein Bild, einen Text oder einen Gegenstand, der sie besonders angesprochen und zum Nachdenken angeregt hat, auch den anderen vorzustellen. Daraus hat sich in manchen Gruppen die Idee einer Art Andacht oder gemeinsamen Meditation entwickelt, die sich aus solchen Anlässen speist. Hier zeigt sich eine sehr gute Chance, die oft nur noch aus Gewohnheit oder Zwang gehaltenen Andacht zu aktivieren und aus der Spontaneität der Kinder neu zu beleben.

Eine solche Andachtsform kann auch den Grundstock für die Einrichtung einer Stille-Ecke und die Entwicklung von Stille- und Meditationsübungen bilden. Ein praktischer Vorschlag (Der folgende Text greift auf einen Aufsatz von Ulrike Weber zurück): Jede Klasse erhält zu Beginn des Schuljahrs in einem Din A5 Ringbuch eine Zusammenstellung aus Bild,- Gebets- und Liedmaterialien, die ihnen als Anregung dienen sollte, selbst eine kleine Andacht zu gestalten. Daneben hat jede Klasse einen Satz selbst zusammengestellter Liederhefte (Din A5 Schnellhefter), so daß die Lieder für jeden Schüler zur Verfügung stehen. Der Schüler, der die Andacht in der folgenden Stunde gestaltet, nimmt die Andachtsmappe mit nach Hause und wählt daraus einen Text/Bild/Lied aus, das ihn anspricht bzw. sucht nach eigenen Materialien, die er den Mitschülern vorstellt. Je nach Interesse der Schüler und den Möglichkeiten an der jeweiligen Schule werden die ausgewählten Texte und Lieder für alle Schüler, die dies

möchten, kopiert und in einem „mitwachsenden" Andachtsheft (A5 Ordner) von jedem Schüler gesammelt.

Das verantwortliche Kind stellt zu Beginn der Stunde die von ihm ausgewählten Texte/Bilder ... vor; danach kann jeder seine Meinung dazu äußern, Kritik vorbringen, Anregungen aussprechen ... Hierbei ist es wichtig, daß alle zu Wort kommen können. Besonders beliebt sind Bilder, die in Form von Folien über den Tageslichtprojektor für alle sichtbar gemacht werden. Jedes Bild enthält eine Fülle von Einzelaspekten – jeder ist wichtig und richtig. Über die unterschiedlichen Deutungen (die nicht gewertet werden dürfen) kommen die Schüler ins Gespräch, tauschen Ansichten aus, werfen Fragen auf, suchen nach Lösungen ...

Auf diese Weise kommen ganz von selbst die Einstellungen und Interessenlagen der Schüler zum Tragen – und Zeit, die in ernsthaften Gesprächen über aktuelle Probleme ... „vergeht", ist sicher für den Religionsunterricht keine verlorene Zeit. Die Schüler können gemeinsam lernen und einüben, Erfahrungen auszusprechen und geeignete Ausdrucksformen dafür zu benutzen; eine solche Form des Gebets wird vielen näher stehen als ein Monolog an ein gedachtes Gegenüber. Die veränderte Form bietet den Schülern größere Variationsmöglichkeiten und regt ihre Phantasie an; sie haben die Möglichkeit, Texte oder Bilder zu wählen, die sie persönlich ansprechen.

Nicht zu übersehen ist auch, daß die Schüler die Organisation völlig selbständig übernehmen und die Andacht eigenverantwortlich gestalten. Dies bedeutet zwar, daß die Andacht selten thematisch in den Unterricht integriert werden kann, doch meiner Ansicht nach wiegt der Gewinn an Selbständigkeit und Eigenverantwortung dieses „Defizit" bei weitem auf. Vielleicht können sich aus solchen Aktivitäten auch Anlässe zu freier Arbeit ergeben.

In unteren Klassen gehört zu dieser eigenen Gestaltung oft auch der Wunsch, die Andacht im Sitzkreis auf dem Boden zu halten. Hierzu hat jeder Schüler ein Kissen oder einen Teppichbodenrest mitgebracht. Diese besondere Form trägt oft wesentlich zu einem Gemeinschaftsgefühl bei, das Vertrauen schafft und sich positiv auf den gesamten Unterricht auswirkt.

4.4. Verknüpfung mit Unterrichtsthemen.

Immer wieder bietet sich Gelegenheit, Elemente aus dem Bereich „Stille/Meditation und Sensibilisierung“ mit Unterrichtsthemen zu verbinden. Beispiele:

– *Thema „Wirklichkeit ist vieldeutig“*: Diese Verknüpfung haben wir bereits demonstriert: 11 Materialien aus dem Bereich der Stille-Ecke wurden für eine bestimmte Zeit dem Freiarbeitsthema zugeordnet.

– *Thema „Schöpfung“*: Hier geht es vor allem um den Aspekt, die Vielgestaltigkeit und Schönheit der Schöpfung wahrzunehmen. In eine Unterrichtsreihe zum Thema (2. Schuljahr) wurden viele Übungen mit Materialien zum intensiven Sehen, Hören, Riechen, Schmecken und Fühlen einbezogen. Sie gaben Anlaß, über die Fülle der Schöpfung zu staunen. Ein „wachsendes Lied“ faßte die Erlebnisse und Erkenntnisse zusammen:

(Text und Melodie: H. K. Berg)

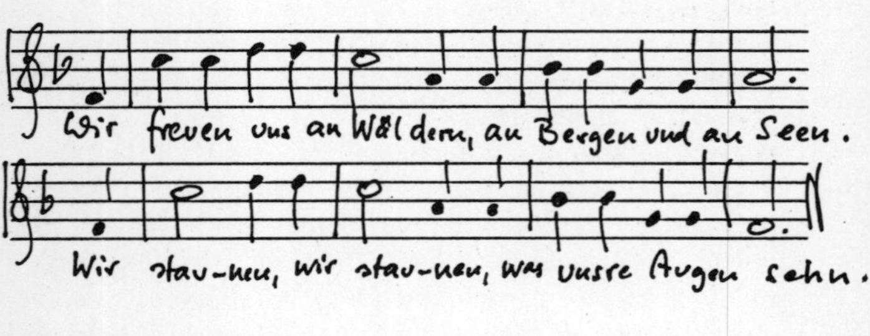

1. Wir freuen uns an Wäldern,
   an Bergen und an Seen.
   Wir staunen, wir staunen,
   was unsere Augen sehn.

2. Wir freuen uns am Spielen,
   an Blumen und am Tier.
   Wir freuen uns und sagen:
   O Gott, wir danken dir!

3. Wir hören viele Dinge,
   das macht uns richtig Spaß!
   Wir werden auch mal stille,
   wie gut, wie gut tut das!

4. Wir können was entdecken
   in Gottes schöner Welt;
   woll'n alle Sinne wecken,
   daß vieles uns gefällt.

– *Thema „Beten“:* Materialien aus der Stille-Ecke können die verschiedensten Ausdrucksformen des Betens zeigen und damit die traditionelle Sicht des Gebets fruchtbar erweitern. „Beten“ kann sein: Erfahrungen im Horizont des Glaubens bedenken – die Welt meditieren – Gott anreden ....

Zusammenfassend halten wir fest:

– Die Arbeit an einer Kultur der Stille und der Sensibilisierung kann Lehrern und Schülern helfen, zu sich selbst zu kommen, die eigene Mitte zu finden.

– Sie kann in einer Schule der hektischen Leistungsorientierung Ruhepunkte und Gegenpole setzen, die vielleicht auch neue Maßstäbe und Orientierungen sichtbar machen.

– Die aufmerksame Wahrnehmung kann Schüler und Lehrer neu für die Schönheit der Wirklichkeit öffnen und den Weg nach Innen, zum eigenen Selbst, bahnen helfen.

– Die Arbeit am aufmerksamen Leben kann die Wirklichkeit diaphan, durchsichtig werden lassen für ihre verborgene Tiefe; sie kann für das Geschenk des Lebens, aber auch für andere Menschen sensibilisieren.

Am besten können Kinder sagen, was ihnen wichtig ist; ein achtjähriger Junge schreibt:

Ich habe die Stille gemacht.
Jeder hat seine Augen zugemacht.
Es ist schön gewesen.
Mein Herz war leise.
Ich war ganz ruhig.

Literaturverzeichnis

I. Primär-Literatur

Für die Werke Maria Montessoris benutze ich, wie in der Sekundärliteratur üblich, einen Ziffernschlüssel. Um die Einordnung in die Biographie zu erleichtern, habe ich versucht, ihre Schriften zu datieren, was angesichts der oft etwas unklaren Quellenlage gelegentlich nur annäherungsweise möglich ist.

1. *Montessori, Maria,* Die Entdeckung des Kindes (= Il metodo. 1909). Herausgegeben und eingeleitet von Paul Oswald und Günter Schulz-Benesch, Herder Verlag, Freiburg ^{10}1991.
2. *Montessori, Maria,* Schule des Kindes (1916). Herausgegeben und eingeleitet von Paul Oswald und Günter Schulz-Benesch, Herder Verlag, Freiburg ^{3}1989.
3. *Montessori, Maria,* Kinder, die in der Kirche leben (1922 ff). Die religionspädagogischen Schriften von Maria Montessori. Herausgegeben und übersetzt von Helene Helming, Herder Verlag, Freiburg 1966.
4. *Montessori, Maria,* Das Kind in der Familie (1922). In: 16, 13-73.
5. *Montessori, Maria,* Frieden und Erziehung (1932 ff). In: 14, 15-98.
6. *Montessori, Maria,* Grundlagen meiner Pädagogik (1934), Quelle & Meyer, Heidelberg ^{7}1988.
7. *Montessori, Maria,* Die Stellung des Menschen in der Schöpfung (1935). In: 13, 11-30.
8. *Montessori, Maria,* Kinder sind anders (1936), Klett-Cotta im Deutschen Taschenbuch Verlag, dtv 15036, München 1987.
9. *Montessori, Maria,* Menschliche Potentialität und Erziehung (1943/44). In: 13, 31-114.
10. *Montessori, Maria,* Von der Kindheit zur Jugend (1948). In: 13, 115-169).
11. *Montessori, Maria,* Das kreative Kind (1949). Herausgegeben und eingeleitet von Paul Oswald und Günter Schulz-Benesch, Herder Verlag, Freiburg 1991.

12. *Über die Bildung des Menschen (1949).* In: 16, 115-151.
13. *Montessori, Maria,* „Kosmische Erziehung" (Kleine Schriften Maria Montessoris 1). Herausgegeben und eingeleitet von Paul Oswald und Günter Schulz-Benesch, Herder Verlag, Freiburg 1988.
14. *Montessori, Maria,* Die Macht der Schwachen (Kleine Schriften Maria Montessoris 2). Herausgegeben und eingeleitet von Paul Oswald und Günter Schulz-Benesch, Herder Verlag, Freiburg 1989.
15. *Montessori, Maria,* Spannungsfeld Kind – Gesellschaft – Welt. In: 14, 99-183.
16. *Montessori, Maria,* Dem Leben helfen (Kleine Schriften Maria Montessoris 3). Herausgegeben und eingeleitet von Günter Schulz-Benesch, Herder Verlag, Freiburg 1992.
17. *Oswald, Paul/Schulz-Benesch, Günter,* Grundgedanken der Montessori-Pädagogik, Herder Verlag, Freiburg [10]1990.

II Sekundärliteratur (allgemein)

Baldermann, Ingo, Wer hört mein Weinen? Kinder entdecken sich selbst in den Psalmen (Wege des Lernens Band 4), Neukirchener Verlag, Neukirchen 1986.

Baldermann, Ingo, Ich werde nicht sterben, sondern leben. Psalmen als Gebrauchstexte. (Wege des Lernens Band 7), Neukirchener Verlag, Neukirchen 1990.

Berg, Horst Klaus, Grundriß der Bibeldidaktik (Handbuch des biblischen Unterrichts Band 2), Calwer Verlag/Kösel Verlag, Stuttgart/München 1993.

Böhm, Winfried (Hg), Maria Montessori. Texte und Gegenwartsdiskussion. (Klinkhardts Pädagogische Quellentexte), Verlag Julius Klinkhardt, Bad Heilbrunn [4]1990.

Böhm, Winfried, Maria Montessori. Hintergrund und Prinzipien ihres pädagogischen Denkens, Verlag Julius Klinkhardt, Bad Heilbrunn [2]1991 ([1]1959).

Cavaletti, Sofia, Über religionspädagogische Erfahrungen, In: Montessori-Werkbrief, 24. Jahrgang (1986), Heft 1, S. 3-13.

Cavaletti, Sofia, Das religiöse Potential des Kindes, Verlag Herder, Wien/Freiburg 1994.

Croatto, J. Severino, Die Bibel gehört den Armen. Perspektiven einer befreiungstheologischen Hermeneutik (Ökumenische Existenz heute 59), Chr. Kaiser Verlag, München 1980.

Esser, Barbara/Wilde, Christiane, Montessori-Schulen. Zu Grundlagen und pädagogischer Praxis. rororo-Sachbuch 8556, Rowohlt Taschenbuch Verlag, Reinbeck 1989.

Haberl, Herbert (Hg), Montessori und die Defizite der Regelschule, Verlag Herder, Freiburg/Wien 1993.

Halbfas, Hubertus, Montessori-Pädagogik und Religionspädagogik. In: ders, Das dritte Auge. Religionsdidaktische Anstöße, Patmos Verlag, Düsseldorf 1982. S. 192ff.

Halbfas, Hubertus, Religionsunterricht in der Grundschule. Lehrerhandbuch 3, Patmos Verlag, Düsseldorf 1985, S. 34-38.

Heiland, Helmut, Maria Montessori, mit Selbstzeugnissen und Bilddokumenten dargestellt (rowohlts monographien 419), Rowohlt Taschenbuch Verlag, Reinbeck ^{2}1992.

Helming, Helene, Montessori-Pädagogik. Ein moderner Bildungsweg in konkreter Darstellung, Verlag Herder, Freiburg ^{14}1992.

Holtstiege, Hildegard, Modell Montessori, Verlag Herder, Freiburg ^{5}1989.

Holtstiege, Hildegard, Maria Montessori. Neue Pädagogik – Prinzip Freiheit – Freie Arbeit, Verlag Herder, Freiburg 1987.

Holtstiege, Hildegard, Erzieher in der Montessori-Pädagogik, Verlag Herder, Freiburg 1991.

Holtstiege, Montessori-Pädagogik und die Herausforderungen der 90er Jahre. In: H. Haberl, Montessori ..., S. 65-88.

Marti, Kurt, Gottesbefragung, Radius Verlag, Stuttgart 1982.

Marti, Kurt, Leichenreden (1967). In: ders, rosa lui. republikanische gedichte. leichenreden, ex libris, Zürich 1975.

Oswald, Paul, Montessori-Pädagogik und religiöse Erziehung. In: KatBl 1987 [Heft 2], S. 116-122.

Portman, Adolf, Die Menschengeburt im System der Biologie. In: Das Kind in unserer Zeit. Stuttgart 1958.

Standing, E.M., Maria Montessori. Leben und Werk, Gedruckt im Selbstverlag der Deutschen Montessori-Gesellschaft. Frankfurt. o.J.
Tielkes, Monika, Der „Pädagogische Versuch“ Maria Montessoris, Uitgiverij Giordano Bruno, Amersfoort 1991.
Vester, Frederik, Denken. Lernen, Vergessen. dtv 880.

III Sekundärliteratur (Zu: Freiarbeit im Religionsunterricht)

Berg, Horst Klaus, Von der Montessori-Pädagogik lernen: Freie Arbeit im Religionsunterricht. In: ru, Ökumenische Zeitschrift für die Praxis des Religionsunterrichts. 1994 [Heft 1], S. 28-37.
Fischer, Dietlind, Den Kindern das Wort geben. Freie Arbeit mit Religion. In: ru, Ökumenische Zeitschrift für die Praxis des Religionsunterrichts. 1991 [Heft 2], S. 65-68.
Halbfas, Hubertus, Prinzipien zur Lehrplanfortentwicklung. In: ders, Das dritte Auge, S. 39-50
Menke, Birgit, Freiarbeit – Eine Chance für den Religionsunterricht, Verlag Die Blaue Eule, Essen 1992.
Oberthür, Rainer, In Sprachbildern der Bibel sich selbst entdecken. Umgang mit einer „Psalm-Wort-Kartei“ in Religionsunterricht und Phasen freier Arbeit. In: ru, Ökumenische Zeitschrift für die Praxis des Religionsunterrichts. 1993 [Heft 2], S. 75-79.
Weber, Ulrike, „Kannst du dir vorstellen, wie Jesus gelebt hat?“. Freie Arbeit mit Informationsmaterialien ab 1./2. Schuljahr. In: ru, Ökumenische Zeitschrift für die Praxis des Religionsunterrichts. 1991 [Heft 2], S. 69-73.
Wölfel, Ursula, Isaak und Claudius. In: Neidhart, Walter/Eggenberger, Hans (Hg), Erzählbuch zur Bibel. Theorie und Beispiele, Verlag Ernst Kaufmann/Patmos Verlag/Theologischer Verlag, Lahr/Düsseldorf/Zürich [5]1987.
Zimmermann, Ulrike, Mit Simon und Jonathan im Haus der Knechtschaft. Erfahrungen mit freier Arbeit im Religionsunterricht. In: ru, Ökumenische Zeitschrift für die Praxis des Religionsunterrichts. 1994 [Heft 2].

IV Sekundärliteratur (Zu: Aufmerksam leben)

Berg, Horst Klaus, Stille – unterwegs zum Beten. Ein Unterrichtsversuch in einer 1./2. Klasse. In: ru, Ökumenische Zeitschrift für die Praxis des Religionsunterrichts. 1991 [Heft 3], S. 101-105.

Betz, Otto, Elementare Symbole. Zur tieferen Wahrnehmung des Lebens, Verlag Herder, Freiburg 1987.

Betz, Otto, Religiöse Erfahrung. Wege zur Sensibilität, Verlag J.Pfeiffer, München 1977.

Brunner, Reinhard, Hörst du die Stille? Meditative Übungen mit Kindern, Kösel Verlag, München 1991.

Dörig, Bruno, Bewußt leben, Verlag am Eschbach, Eschbach 1983.

Faust-Siehl, Gabriele, u.a., Mit Kindern Stille entdecken. Bausteine zur Veränderung der Schule, Verlag M. Diesterweg, Frankfurt 1990.

Gebete einer Maus. Texte von M. Angela Toigo mit Illustrationen von Jules Stauber, Verlag Herder, Freiburg ^{13}1992.

Hüsch, Hanns Dieter, Und sie bewegt mich doch, Mainz 1985.

König, Karl Heinz, Hinter die Dinge sehen. Impulse zur bewußten Wahrnehmung des Alltags, Kösel Verlag, München 1993.

Maschwitz, Gerda und Rüdiger, Stille-Übungen mit Kindern. Ein Praxisbuch, Kösel Verlag, München 1993.

Perls, Fritz, Grundlagen der Gestalt-Therapie. Einführung und Sitzungsprotokolle (Leben lernen 20), Verlag J.Pfeiffer, München 1976.

Weber, Ulrike, Andacht – Lust und Freude? Beobachtungen und Notizen zur Gestaltung der Andacht im Religionsunterricht. In: ru, Ökumenische Zeitschrift für die Praxis des Religionsunterrichts. 1991 [Heft 3], S. 99-100.

Register

1. Namen

2. Begriffe